AF318743

# HISTOIRE NATURELLE, CIVILE ET POLITIQUE

## DES GALLIGENES ANTIPODES

### DE LA NATION FRANÇOISE, DONT ILS TIRENT LEUR ORIGINE;

Où l'on développe la naiſſance, les progrès, les mœurs & les vertus ſingulieres de ces Inſulaires.

*Les révolutions & les productions merveilleuſes de leur Iſle, avec l'hiſtoire de leur Fondateur.*

## TOME SECOND.

## A GENÈVE,

Chez les Freres CRAMER.

*Et ſe trouve à Paris.*

Chez **HUMAIRE**, Libraire, rue du Marché Palû, vis-à-vis la Vierge de l'Hôtel Dieu.

## M. DCC. LXX.

# HISTOIRE

## DES

## *GALLIGÈNES,*

### OU

## MÉMOIRES DE DUNCAN.

## CHAPITRE I.

*Anatomie de la volupté. Est-ce découverte réelle? Est-ce plaisanterie physique? Duncan n'en dit rien : & quand il le diroit . . .*

JE crois vous avoir parlé de cette ceinture d'arbres touffus qui environne la ville des Galligènes. C'est tout-à-la-fois leur promenade, leur école, leur aca-

2 démie. Chacun y va publier ſes décou-
vertes, ou s'inſtruire de celles des autres. Tous les genres y ſont reçus. Le
mathématicien trace des figures ſur le
ſable ; le peintre & le ſculpteur expo-
ſent leurs deſſeins ; l'architecte déploye
ſes plans ; le muſicien tente le goût du
public. Ici l'orateur déclame ; plus loin
on eſſaye des danſes ; à quelques pas
de-là on parle morale : tout eſt bon.
L'un ſe fixe ; l'autre parcourt ſucceſſivement ces grouppes de poëtes, d'ar-
tiſtes, d'orateurs, de danſeurs, de phi-
loſophes ; un autre ſe promene, ſans
prendre part à rien : grande liberté à
tous égards. Hommes, femmes, jeunes, vieux, chacun montre, ou regarde,
écoute, ou parle, prend avis, ou le
donne ; tout eſt égal ; on fait ce qu'on
veut faire ; on eſt ce qu'on veut être.

Un jour Duncan étoit à cette promenade ſinguliere, examinant, diſ-
courant, critiquant, ſur-tout s'éton-

nant grandement de beaucoup de chofes ; car c'étoit fon fort. Il apperçut un
petit auditoire qui fe formoit fur des
fiéges de gazon ; il s'approche, & prend
féance. Le diſſertateur, jugeant fon aſ-
femblée aſſez confidérable, après avoir
captivé la bienveillance de fes audi-
teurs, par un compliment aſſez froid,
commença la diſſertation fuivante.

» En vain on voudroit fe le diſſimu-
» ler : nous avons en commun avec les
» animaux, la plûpart des facultés dont
» nous nous applaudiſſons le plus. Mais,
» à mon fens, une des prérogatives les
» plus précieufes de l'humanité, c'eſt
» celle qu'elle a du côté de l'amour : non-
» feulement elle releve la dignité du
» genre humain, mais, ce qu'on trou-
» vera peut-être plus important, elle
» eſt la fource de ceux de nos plaifirs
» qui nous touchent le plus.

» Parmi les animaux, l'amour n'eſt
» qu'un defir aveugle qui les porte à

» la reproduction : parmi les hommes,
» c'eſt une réunion de deux ſentimens
» qu'il faut bien ſe garder de confon-
» dre. Le premier de ces ſentimens eſt
» le deſir de la reproduction, celui
» dont nous venons de parler : le ſe-
» cond procede de la ſympathie ; c'eſt
» ce goût, cette inclination, ce je ne
» ſçai quoi qui nous attache avec tant
» de douceur.

» Le penchant reproductif nous por-
» te indifféremment vers l'autre ſexe ;
» le ſympathique nous arrête ſur un
» objet : le premier nous promet le
» plaiſir des organes ; le ſecond, la
» volupté du cœur : celui-là ne ſemble
» fait que pour le corps ; celui-ci pour
» l'ame.

» Le deſir de la reproduction & ſes
» plaiſirs, ſont communs aux hommes
» & aux animaux : que ſçai-je ſi les
» plantes n'en ſont pas ſuſceptibles ?
» Ces petits filets couverts d'une fine

» pouſſiere que vous voyez au milieu
» des fleurs, ſont les parties mâles des
» plantes ; l'éminence qui s'éleve du
» centre, eſt la partie femelle ; ces
» feuilles, qui contiennent les unes &
» les autres, & dont vous admirez les
» vives couleurs, forment le lit que la
» nature prépare au myſtere de la gé-
» nération. Que ce myſtere ſe conſom-
» me ſans aucune volupté, qui oſera le
» décider ?

» La nature a varié les reſſorts de la
» reproduction dans les plantes & dans
» les animaux : mais, quels qu'ils ſoient,
» leur action eſt périodique, & n'a lieu
» qu'en certains tems. A l'égard de
» l'homme, la nature n'a point poſé
» ces limites : l'amour germe dans ſon
» cœur, ſelon les circonſtances, & non
» pas ſelon les tems ; & c'eſt un avan-
» tage qui l'éleve au-deſſus de la brute
» & de la plante, même en ce qu'il a
» de commun avec elles. En vain les

A iij

» neiges & les glaces couvrent la fur-
» face de la terre, & jettent dans l'en-
» gourdiffement tout ce qui croît &
» végete ; la volupté de l'homme ré-
» fifte à la rigueur des hivers, & la na-
» ture qui fe cherche en vain par-tout
» ailleurs, fe retrouve encore dans le
» cœur humain. Dans un cercle où l'on
» demandoit pourquoi les femelles des
» animaux ne fe prêtoient que rare-
» ment, & dans certains tems, aux
» mâles, la fille d'un Empereur célebre
» répondit que cela venoit de ce que
» ces femelles n'étoient que des bêtes.
» Les uns trouvent de l'efprit & de la
» vivacité dans cette réponfe ; d'au-
» tres y trouvent du libertinage : pour
» moi, j'y vois une vérité philofo-
» phique.

   » Le defir fympathique & le defir
» reproductif ont chacun leur apanage.
» Mais quel eft-il ? Quelles font les in-
» fluences de l'un & de l'autre ? Quels

» font les effets & les plaifirs qui leur
» font particuliers ? Jamais queftion
» ne fut plus intéreffante, & jamais
» queftion ne fut moins approfondie.
» Faifons nos derniers efforts, &, s'il fe
» peut, démêlons les prérogatives de
» l'humanité.

» Puifque les animaux n'ont que le
» defir reproductif, tout ce qui fe paffe
» entr'eux, du côté de l'amour, fe doit
» néceffairement à ce defir. La même
» caufe fe trouve dans l'homme, &
» doit y produire les mêmes effets. Ce
» qui fe paffe donc à cet égard parmi
» nous, & reffemble à ce qui fe paffe
» parmi les animaux, eft pareillement
» dû au defir reproductif. Mais tout ce
» qui, dans ces circonftances, fe re-
» marque parmi nous, & ne fe remar-
» que point parmi les animaux, fort
» d'une autre fource; & cette autre
» fource ne peut être que le defir fym-
» pathique. Par ce partage fondé fur la

» nature même, on voit combien se
» retrécit l'apanage du desir reproduc-
» tif, & combien s'étend celui du de-
» sir sympathique. Les effets du pre-
» mier sont vifs, mais passagers ; ce
» sont des fusées qui s'élancent, bril-
» lent & s'éteignent. Le second semble
» un feu lent, mais doux & durable.
» Que ne puis - je vous peindre ici ces
» épanchemens du cœur, ces élance-
» mens de l'ame, ces caresses touchan-
» tes, ces douces langueurs ! Je l'en-
» treprendrois en vain : de telles im-
» pressions sont faites pour être senties,
» non pour être décrites. Que celui qui
» n'a point aimé, aime ; & tous con-
» cevront ce que je veux dire.

   » On connoît assez le but que se
» propose le penchant reproductif : on
» ne voit pas si clairement à quoi tend
» le desir sympathique. Bien des phi-
» losophes trouvent, dans l'amour, un
» desir de s'unir intimement à l'objet

» aimé ; de confondre, en quelque
» forte, fa fubftance avec la fienne ;
» de ne faire qu'un avec lui. Je penfe
» qu'ils ont raifon ; & je n'en juge pas
» fur leur parole, mais fur ce que les
» amans éprouvent tous les jours. Qu'on
» fe les repréfente lorfqu'ils fe prodi-
» guent les plus tendres careffes : le
» lierre embraffe-t-il plus étroitement
» l'arbre auquel il s'eft attaché ? De-
» mande-t-on encore quel eft le but du
» defir fympathique ? N'eft-il pas ma-
» nifefte qu'il tend à la pénétration ré-
» ciproque des corps, à la tranfmuta-
» tion de fubftance ? Ce que l'attrac-
» tion eft au fer & à l'aiman, au verre
» électrique & à la paille, le defir fym-
» pathique l'eft à l'amant & à l'objet
» aimé : tous tendent à n'avoir qu'un
» centre commun, à n'occuper que le
» même efpace, à fe perdre l'un dans
» l'autre. Vains efforts : la nature op-
» pofe une barriere invincible à des

A v

» defirs qu'elle ne fait naître que pour
» unir les amans par les liens les plus
» tendres.

» De ce que nous avons dit, il eſt
» aiſé de conclure que l'organe du tou-
» cher eſt le plus intéreſſant pour le
» defir ſympathique, & que c'eſt de-là
» qu'il tire plus de volupté, en appro-
» chant le plus de ſon but. Auſſi la na-
» ture nous a-t-elle favoriſés à l'égard
» du tact. Les animaux ont les autres
» ſens plus parfaits que nous ; nous
» avons le tact plus parfait que les ani-
» maux. Qu'ils ayent l'ouie de la plus
» grande ſubtilité, la vûe perçante,
» l'odorat exquis : ne leur envions point
» ces foibles avantages ; nous avons la
» délicateſſe du toucher au plus haut
» point, & cela ſuffit pour nous com-
» bler de plaiſirs.

» Quoiqu'en général l'organe du tou-
» cher ſoit exquis, il ne l'eſt pourtant
» pas également par toute la ſurface du

» corps. Il eſt, par exemple plus par-
» fait dans les doigts, que dans les au-
» tres parties, & plus dans les levres,
» que dans les doigts. Tout le corps eſt
» donc pour nous une ſource de volup-
» té ; mais cette volupté réſide plus
» particuliérement dans la main, plus
» particuliérement encore ſur la bou-
» che. C'eſt-là que ſe rencontrent &
» s'uniſſent ces tendres ſoupirs, ces
» doux murmures, ces paroles entre-
» coupées, langage expreſſif des amans
» heureux : c'eſt-là que s'appaiſe, ſans
» s'éteindre, le feu pénétrant de l'a-
» mour ; plus on y puiſe, plus on y
» veut puiſer, & la ſource de ces plaiſirs
» purs ne tarit jamais.

» Avancerai-je dans ces ſentiers dé-
» tournés, mais couverts de fleurs, ou
» je me trouve engagé ? Dévoilerai-je
» à vos yeux les myſteres de l'amour ?
» Mais pourquoi vous cacherois-je les
» reſſorts de la volupté, & l'une des

A vj

» plus intéreſſantes opérations de la na-
» ture ? La connoiſſance des cauſes
» phyſiques de nos plaiſirs, n'eſt-elle
» pas elle-même un plaiſir ?

» Vous le ſçavez, cette ſéve féconde
» d'où les nations tirent leur origine,
» commence à ſe former dans l'un &
» l'autre ſexe, vers l'âge de puberté.
» Elle ſéjourne quelque tems dans les
» organes où elle s'eſt filtrée, & bien-
» tôt après elle eſt repompée en partie,
» remonte à ſa ſource, & repaſſe dans
» le ſang : alors elle ſe diſtribue à tou-
» tes les parties, & donne lieu à des
» changemens trop connus, pour que
» je m'arrête à les détailler. Je la ſui-
» vrai ſeulement dans les voies qu'elle
» s'ouvre ſur la ſurface du corps, &
» j'eſſayerai de dévoiler les phénome-
» nes cachés qu'elle y produit.

» Quiconque examine dans l'hom-
» me l'organiſation de la peau, & n'eſt
» point ſaiſi d'étonnement, ne connoît

» point le prix des ouvrages de la na-
» ture. Mais ce qui, sans doute, est le
» plus digne d’admiration, c’est la mul-
» titude prodigieuse de petits corps
» glanduleux, de petits filtres, de pe-
» tits réservoirs, de petits canaux de
» tout genre, dont la peau de l’homme
» est parsemée, & dont celle des ani-
» maux est dépourvue. A quoi bon, je
» vous prie, ces glandes, ces filieres,
» ces réservoirs ? Est-ce pour séparer &
» transmettre au-dehors la matiere de
» la transpiration insensible ? Mais
» quoi, ne perce-t-elle pas par-tout ail-
» leurs ? Les simples pores dont la peau
» est pénétrée de toutes parts, ne lui
» ouvrent-ils pas un libre passage ? A
» quoi bon la nature lui auroit-elle pré-
» paré si curieusement les organes dont
» nous parlons ? Sans doute elle a des-
» tiné à d’autres usages, des ressorts d’u-
» ne structure si recherchée.

» Disons-le : c’est-là que se porte &

» s'accumule la portion la plus ſpiri-
» tueuſe & la plus ſubtilé de la liqueur
» vivifiante dont nous avons parlé. A
» la vûe d'un objet aimé, une émotion
» ſubite s'empare de ces organes, &
» inſpire le deſir ſympathique, le deſir
» du taɛt. Alors la titillation & la preſ-
» ſion font épancher le fluide inviſible
» contenu dans les petits réſervoirs de
» la peau : il en jaillit de toutes parts un
» eſprit de volupté ; & c'eſt le myſtere
» que j'avois à vous dévoiler «.

# CHAPITRE II.

*Peu d'estime attachée à de grandes choses. Duncan disserte. Il s'échauffe, & ne s'en défend pas mieux.*

DEPUIS quelque tems, il couroit un de ces bruits incertains qui affligent toujours le bon citoyen, inquietent le magistrat, & qui, même lorsqu'ils sont faux, sont encore dangereux. On disoit qu'il se formoit dans la République un parti considérable, & qui ne se proposoit pas moins que d'anéantir l'ancienne discipline. Trois citoyens soupçonnés d'être entrés dans le complot, furent cités au tribunal des anciens. L'un d'eux vint trouver son juge, & lui remit une sorte d'attestation du censeur de son quartier. Duncan étoit présent, & fut fort étonné d'entendre lire la lettre suivante.

Je suis d'autant plus alarmé des bruits qui se répandent, que j'ai de fortes raisons pour les croire fondés. A portée d'observer les mœurs dans le plus grand détail, je les trouve si déchues de leur ancienne simplicité, & je vois la dépravation faire des progrès si rapides, qu'il y auroit à s'étonner si l'esprit de sédition manquoit où tant de vices pullulent. Mes soupçons n'ont pourtant jamais tombé sur celui qui vous présente cette lettre. Simple, paisible, fort éloigné du goût des innovations, penchant plus à la stupidité qu'à l'emportement, mille fois je l'ai proposé pour modéle. Qu'il seroit à souhaiter en effet que la plûpart de ses compatriotes lui ressemblassent ! Je ne pense pas que, dans toute la République, il y ait un homme plus pusillanime ; qualité d'autant plus précieuse, qu'elle devient rare de jour en jour. Pour ceux avec lesquels il se trouve compliqué, je n'en ai pas la même idée. Leur réputation, à beaucoup près, ne réclame pas en leur fa-

*veur ; au contraire , elle déposeroit contre eux ; & , pour vous dire en un mot combien on a droit de les soupçonner, c'est qu'ils ont toujours passé pour magnanimes. O que cette magnanimité devient de mode , & que je crains que toute cette grandeur d'ame n'accable quelque jour la République !*

Le Galligène, enchanté des éloges que le Censeur lui donnoit, avoit peine à contenir sa joie : le Magistrat, charmé de rencontrer un si heureux naturel , lui dit mille choses obligeantes ; & Duncan, dans un étonnement dont il ne pouvoit revenir , ne sçavoit trop si cette scène étoit sérieuse, ou badine, plaisante, ou ridicule. Enfin, le Citoyen congédié, il prit la parole : Telle est donc, dit-il au Magistrat, l'estime que l'on fait , dans ce pays-ci, des cœurs magnanimes ?

### LE MAGISTRAT.

Oui ; & je crois qu'on leur rend justice.

### DUNCAN.

Et le soupçon de magnanimité suffit pour incliner les Juges à croire un accusé, coupable ?

### LE MAGISTRAT.

Il est sûr que, dans bien des circonstances, on en doit tirer des inductions qui ne lui sont pas favorables.

### DUNCAN.

Il faut bien que la justice se conduise comme le reste, afin que tout soit ici dans l'ordre renversé. Mais sçavez-vous que, de tout tems & par toute la terre, on a regardé la grandeur d'ame comme la plus éminente de toutes les qualités ? Sçavez-vous qu'on ne se contente pas de l'estimer, on l'admire, on la croit digne de vénération ? Toute la terre est-elle dans une erreur grossiere, & les Galligènes sont-ils les seuls qui sçachent apprécier les choses ?

## LE MAGISTRAT.

Je ne dis pas cela. Les autres hommes ont leurs raifons pour penfer comme ils font ; & nous avons les nôtres, pour ne pas être de leur avis.

## DUNCAN.

Et quelles raifons pouvez-vous avoir pour méfeftimer ce que tout le monde admire ?

## LE MAGISTRAT.

Et quelles raifons a-t-on pour admirer ce que nous méfeftimons ? Voyons, montrez-nous ces rares & fublimes qualités qui doivent attirer tant d'hommages au magnanime.

## DUNCAN.

Que voulez-vous que je vous montre, & que puis-je objecter à gens qui, par principes, approuvent ce que les autres blâment ; aiment ce que les autres haïffent ; interdifent ce que les

autres recommandent ; dont les vertus
font des vices par-tout ailleurs, & qui
font perpétuellement en contradiction
avec tout le genre humain ? Que me
fervira de vous dire que, de tout fexe,
de tout âge, de toute condition, la
magnanimité forme également le citoyen paifible & vertueux, & le guer-
rier intrépide, l'honnête bourgeois, &
le fublime héros. Capable de foutenir
la profpérité & l'adverfité, le magnanime refte inébranlablement le même
dans la pauvreté & l'opulence, dans les
derniers rangs de la fociété, & dans la
plus haute élévation. Sa conftance s'ac-
croît par les obftacles, fon courage, par
les dangers ; & jamais il n'eft fi grand,
que dans l'aviliffement, les pertes,
l'infortune.

## LE MAGISTRAT.

Je vous avoue que, fi vous n'alléguez
rien autre chofe en faveur de la ma-

gnanimité, vous aurez peine à la rendre recommendable dans ce pays-ci. Que voulez-vous qu'un Galligène faſſe d'une vertu qui lui apprenne à ſupporter, ſans émotion, la perte de ſon patrimoine, la mort de ſes enfans, le renverſement de ſa famille, lui qui n'a ni patrimoine, ni enfans, ni famille? La magnanimité montre comment on doit ſe comporter dans les derniers ou les premiers rangs de la ſociété: mais ici nous n'avons point de rangs, nous ſommes tous égaux. Elle donne la vaillance militaire, & forme les héros: mais nous n'avons ni guerre, ni beſoin d'héroïſme. Nous ſommes gens paiſibles, qui ne nous brouillons jamais avec nos voiſins, parce que nous n'en avons point. Le deſtin nous a cachés aux yeux de toute la terre, & nous avons lieu d'eſpérer que jamais les Européens ne nous apporteront ni leurs bonnes loix, ni leurs mauvaiſes mœurs, ni leurs maximes d'humanité, ni leurs vertus politiques, guerrieres & fanguinaires. Depuis que la République exifte, vous êtes le feul étranger qui ait abordé dans cette ifle ; & faffe le ciel que vous foyez le dernier.

### DUNCAN.

Cependant, fi l'on en croit le bruit commun & la judicieufe lettre dont vous avez bien voulu me faire part, n'êtes-vous pas menacés d'une révolte ? De mauvais citoyens ne vont-ils pas s'armer contre la Republique ? De meilleurs citoyens ne s'armeront-ils pas pour fa défenfe ? Vous touchez à une guerre civile, & vous dites que vous n'avez befoin ni de héros, ni de magnanimité ?

### LE MAGISTRAT.

Mais cette malheureufe guerre, fuppofé qu'en effet elle nous menace, qui

l'excite & la fomente ? Eſt-ce un puſillanime ?

### DUNCAN.

Je ne ſçai; mais ce n'eſt certaine-
ment pas un homme magnanime.

### LE MAGISTRAT.

Cela peut être : mais voyons s'il n'y
a pas plus à craindre d'un côté que de
l'autre. Des vûes étendues, des paſſions
fortes, de la confiance en ſoi-même,
& de l'attachement à la vertu, voilà
ce qu'on appelle magnanimité. Des
vûes étroites, des paſſions foibles, de
la défiance de ſoi-même, & de l'attachement à ſes devoirs, voilà ce que
nous appellons puſillanimité. Ainſi le
puſillanime & le magnanime ſont vertueux. S'ils ne l'étoient pas, la magnanimité dégénérée deviendroit orgueil ;
la puſillanimité dégénérée deviendroit
baſſeſſe. L'un & l'autre ſoutient l'ad-

-verfité, pardonne les injures, & tombe dans l'humiliation, fans tomber dans le découragement : le pufillanime, parce qu'il ne fent pas vivement ; le magnanime, parce qu'il voit au-delà. L'un eft au-deffus des événemens ; l'autre eft au-deffous. Il n'y a que les caractères moyens qui s'affectent juf-qu'à perdre courage, ou s'enorgueil-lir. Mais vous m'avouerez qu'il n'eft guère de magnanimes toujours tels dans la riguenr du terme ; je veux dire, fi attachés à la vertu, qu'ils ne la perdent jamais de vûe.

### D u n g a n.

J'en conviens ; & c'eft en quoi la magnanimité mérite d'autant plus nos hommages : plus il y a de difficulté, plus il y a de gloire.

### Le M a g i s t r a t.

Il en eft de même du pufillanime : rien n'eft fi ordinaire que de le voir dégénérer,

dégénérer, & s'éloigner de ses devoirs.
Vous conviendrez encore que de deux
bonnes qualités qui dégénerent, on
doit donner la préférence à celle dont
la dégradation entraîne les suites les
moins fâcheuses. Voyez maintenant,
& jugez vous-même. La magnanimité
dégénere en orgueil, ambition, témé-
rité, audace : ses grandes vûes restent,
car elles tiennent à l'esprit, qui demeure
le même, quoique le cœur se corrom-
pe. Mais quels malheurs n'occasionnent
pas l'orgueil & l'audace occupés de grandes vûes & de vastes desseins. Ouvrez
vos histoires, & passez en revue les ca-
lamités des différens siécles ; voyez les
campagnes arrosées de sang ; des villes
en cendre ; des trônes renversés ; des
régions ravagées, & toute la terre
couverte de crimes : voilà l'ouvrage de
la magnanimité, ou manquée, ou dégénérée. En peut-il être ainsi de la pu-
sillanimité ? dégénérée, c'est bassesse

*Tome II.*                                    B

& lâcheté ; & ces vices rampans ne s'oc-
cupent que de vûes étroites & de petits objets : ſes crimes ſont de particulier à particulier ; le repos public n'en
eſt point altéré. L'attention des Magiſtrats peut réprimer ces déſordres de
détail : mais qui réſiſtera aux efforts
puiſſans d'une ambition audacieuſe &
éclairée ? Vous voyez donc que le magnanime doit être incomparablement
plus ſuſpect dans un état, que le puſillanime ; & que, ſi notre République
eſt menacée en ce moment d'une ſédi-
tion, c'eſt dans la magnanimité dégénérée, qu'il en faut chercher le prin-
cipe.

### DUNCAN.

Je le ſuppoſe : mais, pour arrêter les
progrès menaçans de cette vertu dégénérée, il faut avoir recours à cette
même vertu pure & ſoutenue.

## Le Magistrat.

Point du tout. Il eſt d'autres réſſources ; & l'on peut très-bien ſe paſſer de la magnanimité, dans quelque circonſtance que ce ſoit. Entre les combinaiſons ſans nombre qui ſe font des qualités de l'eſprit & des penchans du cœur, il en eſt deux auxquelles nous faiſons une ſinguliere attention dans ce pays-ci. L'une réunit de grandes vûes, des paſſions foibles & de la probité ; l'autre, de petites vûes, des paſſions fortes & de la vertu. Avec le premier caractere, on eſt fait pour conſeiller ; avec le ſecond, on eſt fait pour agir. Nous conſultons les uns, nous employons les autres à l'exécution.

## Duncan.

Mais ne voyez-vous pas que, par cette conduite, vous uniſſez les grandes vûes, les paſſions fortes & la vertu,

& que vous en compofez une vraie magnanimité.

LE MAGISTRAT.

J'en conviens ; mais c'eſt une magna-nimité dont les piéces féparées appar-tiennent à différens hommes , & ne forment point un tout ſuſpeé. S'il n'é-toit que des citoyens fembla**les à ceux que nous confultons , ou que nous fai-ſons agir , nous jouirions de tous les avantages de la magnanimité , ſans avoir un ſeul homme magnanime, toujours à craindre quand il dégénere , & qui dégénere ſi aiſément. Mais c'eſt trop s'arrêter à diſſerter : la Républi-que eſt peut-être en danger. Vous voyez l'importance de l'objet qui nous occupe , fouffrez que je vous quitte , & que j'y donne mon attention.

DUNCAN.

Il y áuroit de l'indiſcrétion à ſe don-ner , parmi vous , pour magnanime ; &

ce feroit être vain, que de fe croire de
la pufillanimité : mais, quel que je
fois, fi le mauvais fort de la République lui prépare des périls, & qu'elle
juge à propos de m'employer, com-
mandez, ma vie eft à elle.

# CHAPITRE III.

## *Etat de la philosophie parmi les Galligènes.*

J'AI dit quelque part, que les Galligènes donnent une éducation complette, & exactement la même, à tous les jeunes gens de l'un & l'autre sexe. Qu'il naisse entr'eux un de ces heureux génies faits pour éclairer les autres, les soins de la République, qui s'étendent à tous les citoyens, ne manquent jamais d'en favoriser le développement, & de lui donner tous les secours qui lui sont nécessaires. C'est le seul pays où la nature ne travaille jamais en vain : rien de ce qu'elle présente n'est négligé ; aucun talent ne reste dans l'abandon & dans l'oubli ; tout est mis en œuvre, & les Galligènes avancent, de toutes leurs forces possibles, dans la carriere des fciences & des arts. Voici l'idée que Duncan donne de leurs progrès.

Dans la phyfique, ils fe font prefque toujours attachés à d'autres branches que celles que nous cultivons ; de forte que nous avons beaucoup de connoiffances qu'ils n'ont pas, & qu'ils en ont beaucoup que nous n'avons point. Je parle des connoiffances expérimentales, & de la fcience des faits ; car, quant aux caufes, nos expériences détruifent leurs fyftêmes, & nos fyftêmes font détruits par leurs expériences.

Entr'autres, ils ont fait une découverte qu'ils vantent peut-être un peu trop : c'eft ce qu'ils appellent *variation du centre de la terre & des corps graves*. Un plomb fufpendu en l'air, à un fil de plus de cent pieds de haut, leur a décélé ce myftere. Ce plomb s'éloigne deux fois par jour, & deux fois fe rapproche de la perpendiculaire. Cette variation, trop légere pour ébranler les corps folides qui font fur la furface de la terre, eft, felon eux, affez confidérable pour émouvoir les fluides qui environnent le globe. Dans l'air, elle occafionne, ou diffipe, fuivant les circonftances, les vents, les pluies & les orages; &, dans les eaux de la mer, elle produit le flux & le reflux.

Ils font auffi avancés que nous dans la métaphyfique; je veux dire qu'à cet égard leur ignorance égale la nôtre : mais ils fe font égarés par d'autres routes. Duncan fut tout étonné de la fingularité de leurs erreurs; & ils ne furent pas moins étonnés de la fingularité des fiennes. Chacun fe familiarife avec fes folies : on n'eft jamais furpris que de celles des autres.

Si nous en croyons Duncan, nous laiffons les Galligènes fort en arriere, à l'égard de la morale. »Croiroit-on, » dit-il, qu'ils ne fçavent pas encore

» que l'intérêt personnel est le seul mo-
» bile de toutes les actions des hommes.
» Ils s'imaginent que chacun de nous
» n'est pas incessamment occupé de soi.
» Ils ignorent que c'est nous-mêmes que
» nous aimons dans les autres, & que
» nous ne faisons jamais de bien, qu'en
» vûe de celui que nous attendons «.
Ce qui fâcha le plus Duncan, c'est qu'il
perdit son tems à leur dire de très-bel-
les choses, pour leur apprendre à connoître l'homme & à le méprifer : il ne
réuffit point à leur perfuader qu'ils ne
pouvoient trouver la vertu aimable par
elle-même, ni faire, dans aucune cir-
conftance, le bien, pour le seul plai-
fir de le faire. Toute erronnée qu'il
trouve la morale des Galligènes, il nous
en donne pourtant une idée, à cause de
la fingularité.

 » L'amour de ses femblables est gra-
» vé dans tous les cœurs, difent les Gal-
» ligènes. L'amour de soi-même l'affoi-

» blit souvent, mais ne l'éteint jamais.
» Dans les contrées même où chacun a
» sa terre, sa moisson, sa femme, ses
» enfans, sa famille, ses amis ; con-
» trées où le droit de propriété donne
» tant de force à l'intérêt personnel,
» l'amour de ses semblables se décele
» souvent, lorsqu'on paroît s'en occu-
» per le moins : témoin cet attendris-
» sement que la pitié arrache si fré-
» quemment aux hommes les plus dé-
» voués à eux-mêmes ; pitié que quel-
» ques-uns ont en vain voulu confon-
» dre avec la crainte de subir un sort tel
» que celui qui nous attendrit ; com-
» me si ces deux sentimens, lors mê-
» me qu'ils se réunissent, n'étoient pas
» manifestement distincts.

   » La Providence nous inspire l'amour
» de nous-mêmes, pour que nous veil-
» lions à nous, & l'amour de nos sem-
» blables, pour que nous nous intéres-
» sions à eux ; afin que, chacun étant

» attaché à soi & à ceux qui l'environ-
» nent, tous vivent dans l'union, la
» concorde & la paix. C'est donc man-
» quer à la Providence, & sortir de
» l'ordre, que de ne pas suivre ces ins-
» pirations, & à notre égard, & à l'é-
» gard des autres.

» Ainsi, quand les circonstances sont
» telles, qu'en faisant notre bien-être,
» nous faisons celui des autres, non-
» seulement nous pouvons, mais en-
» core nous sommes tenus d'agir. Mais
» s'il arrive que, pour faire notre bien,
» il faille nuire aux autres, nous ne
» pouvons agir sans nous rendre cou-
» pables envers la Providence, qui
» veut le bien-être de tous les hom-
» mes, & conséquemment ne veut pas
» qu'aucun fasse le sien aux dépens de
» celui des autres, puisqu'elle nous
» inspire l'amour de nos semblables.

» C'est donc un devoir indispensable
» pour nous, d'étudier en quoi nous

B vj

» pouvons être utiles ou nuisibles à ceux
» qui nous environnent, afin de ne ja-
» mais nous écarter de ce que nous
» leur devons. Les hommes vivent en
» société, & le bonheur des membres
» dépend de l'harmonie du corps. Cha-
» que peuple a ses loix, ses usages, ses
» maximes de conduite, dont l'obser-
» vation fait l'harmonie du tout, & le
» bonheur de chaque citoyen. Man-
» quer à ces loix, c'est occasionner une
» dissonance ; c'est troubler l'ordre ;
» c'est ébranler l'économie politique.
» Il faut donc nous soumettre aux ma-
» ximes de conduite qu'admet la patrie.

» En conséquence de la variété des
» climats, des tempéramens, des ca-
» racteres, des besoins, des circons-
» tances, la plûpart des choses qui sont
» utiles à un peuple, pourront être pré-
» judiciables à un autre. Les loix doi-
» vent donc varier ; & un homme ver-
» tueux dans un pays, se rendroit cri-

» minel dans tel autre, s'il se compor-
» toit de la même maniere dans les
» deux.

» Il y a donc beaucoup de choses in-
» différentes par elles - mêmes, aux-
» quelles les circonstances donnent le
» caractere de bien & de mal, de vice
» & de vertu. Par exemple, c'est une
» chose indifférente en elle-même, que
» vous n'ayez qu'une femme unique,
» ou que vous en ayez quatre, ou que
» toutes les femmes d'un pays soient
» vos épouses. Mais, chez nos freres
» les Européens, il y a une loi qui
» porte que chacun des citoyens n'aura
» qu'une femme : un François qui re-
» garderoit toutes ses compatriotes
» comme ses épouses, & s'accommo-
» deroit aujourd'hui de l'une, & de-
» main d'une autre, sortiroit de l'or-
» dre, auroit une conduite préjudicia-
» ble à la société, & se rendroit cri-
» minel. Parmi nous, il y a une autre

» loi, qui porte que toutes les Galli-
» gènes feront les époufes de chaque
» citoyen : celui d'entre nous qui s'en
» tiendroit à une feule, & négligeroit
» les autres, iroit contre le bon ordre,
» & fe rendroit coupable. C'eſt que ce
» qui étoit indifférent par foi-même, a
» ceſſé de l'être en vertu de la loi.

» Parmi les nations où le droit de
» propriété eſt établi, le larcin eſt un
» crime. Mais qu'un peuple, en réflé-
» chiſſant fur foi-même, & fe trouvant
» dans un engourdiſſement, une pa-
» reſſe, une indolence qui pourroient
» lui devenir funeſtes, imagine de to-
» lérer les larcins, pour réveiller l'at-
» tention, en forçant le propriétaire
» à veiller fur ce qui lui appartient,
» & pour remuer l'imagination aſſou-
» pie, en permettant de s'approprier
» par adreſſe tout ce qu'ils pourront ;
» dès-lors le larcin ceſſe d'être un crime.

» Ainſi, dans tel pays, où le larcin,

» la pluralité des femmes, toute autre
» chofe vous eft interdite, vous devez
» vous foumettre & vous abftenir; non
» pas que rien de tout cela foit mau-
» vais en lui - même, mais parce que
» la loi, qui marque ce qui eft utile ou
» nuifible aux citoyens, vous le défend,
» & que l'amour inné de vos fembla-
» bles vous prefcrit de ne pas nuire aux
» citoyens pour fatisfaire vos paffions.

» Loin de nous ces raifonneurs in-
» fenfés, ces efprits étroits, qui, con-
» fidérant que ce qui eft louable dans
» un pays, eft condamnable dans un
» autre, difent que le bien & le mal
» moral ne font que des chofes de con-
» vention, & blafphèment contre la
» vertu. Ils ne voyent pas que l'amour
» pur & défintéreffé de fes femblables
» eft la vraie vertu; vertu primitive;
» vertu mere de toutes les autres; vertu
» qui ne varie jamais, ni dans fon but,
» qui eft le bonheur de l'humanité, ni

” dans ſes moyens, qui ſont la bienfai-
” ſance, la ſoumiſſion aux loix, tout
” ce qui peut être utile à la ſociété;
” vertu regardée comme telle dans tous
” les tems, dans toutes les circonſtan-
” ces, & par toutes les nations; vertu
” qui ſeule fait le mérite de nos actions;
” vertu qui nous fait eſtimer les hom-
” mes, en nous donnant de la conſidé-
” ration pour leurs ſentimens & leur
” penchant naturel, & fait diſparoître
” le mépris qu'inſpireroit pour eux
” l'idée ſeule que chacun ſe guide en
” tout par le ſeul intérêt perſonnel;
” vertu, le plus précieux don de la
” Providence, dont chacun trouve le
” germe dans ſon cœur, dès qu'il veut
” l'y chercher; vertu enfin qu'il fau-
” droit ſuppoſer, quand bien même
” elle n'exiſteroit pas.

” Que ceux qui aviliſſent l'homme
” au point de lui refuſer tout autre
” mobile que l'intérêt, calculent avec

» lui, & lui perfuadent, s'ils le peu-
» vent, qu'il eſt de ſon utilité de ne ja-
» mais ſortir des bornes de l'honneur
» & de la probité. Pour nous, qui re-
» gardons l'homme ſous un plus noble
» aſpect, nous ne négligerons rien
» pour ranimer en lui ce pur amour de
» ſes ſemblables, que l'amour de ſoi-
» même ne refroidit que trop ſouvent.
» Nous nourrirons ce feu ſacré émané
» de la ſageſſe éternelle ; nous en tire-
» rons une lumiere ſûre qui éclaire no-
» tre conduite & dirige nos actions : s'il
» ſe peut, nous lui donnerons cette ac-
» tivité qui éleve l'homme au-deſſus de
» lui, & en quelque ſorte l'approche
» de la Divinité «.

# CHAPITRE IV.

*Vûes neuves des Galligènes sur l'agricul-*
*ture. Plante admirable, mais de la-*
*quelle Duncan ne s'oblige pas à don-*
*ner de la graine.*

Un jour Duncan se promenoit dans les champs, &, suivant sa coutume, faisoit de profondes réflexions, & tomboit dans d'étranges surprises au sujet des mœurs, du gouvernement & de la morale de ses freres les Galligènes. S'il y voyoit du bon, il y voyoit aussi beaucoup à réformer ; &, tout bien considéré, il concluoit que, pour rendre une société heureuse, il faudroit lui prescrire partie des loix de son pays, partie de celles des Galligènes. Tandis qu'il imaginoit le plan d'une République, & faisoit un mauvais assemblage de choses bonnes prises en particulier, il fut diftrait par la vûe de vingt ou trente hommes qui préparoient un champ, & trompoient leur travail par des chanfons que l'un d'eux fredonnoit d'une voix affez difcordante. Le frere Européen trouva encore ici un nouveau fujet d'étonnement & de critique. La terre que l'on préparoit, étoit noirâtre, graffe & médiocrement pefante, c'eft-à-dire, très-féconde. Les Galligènes s'occupoient à y mêler en abondance, des cailloux, du gravois & du fable aride. Si c'eft amufement, dit en lui-même Duncan, c'en eft un bien imbécille ; & fi c'eft une maniere de préparer la terre, c'en eft une bien inepte. Il s'approcha : mes enfans, leur dit-il en fouriant, j'ai lu beaucoup de livres d'agriculture, mais je ne connoiffois pas encore l'efpéce d'amendement dont je vous vois faire ufage. Je veux croire que vous avez beaucoup lu, répondit un des travailleurs ; mais vous n'avez

pas tout vu. Chacun a sa méthode :
voici la nôtre.

### DUNCAN.

Elle est assûrément bien nouvelle
pour moi : mais je crois qu'il vous faudroit bien des années d'une semblable
culture pour augmenter la fécondité de
ce terroir.

### LE GALLIGENE.

Aussi notre dessein n'est pas de l'augmenter, mais de la diminuer.

### DUNCAN.

C'est-à-dire que ces Messieurs culti-
vent la terre, afin de la rendre plus sté-
rile.

### LE GALLIGENE.

Précisément.

### DUNCAN.

Et vous avez sans doute de bonnes
raisons pour vous comporter d'une ma-

niere qui femble fi oppofée au fens commun?

LE GALLIGENE.

Nous le croyons ; & , fi vous les fça-viez , peut-être en parleriez-vous avec un peu plus de circonfpection.

DUNCAN.

Je cherche à m'inftruire : ne pour-rois-je pas connoître fur quels princi-pes vous fondez une agriculture fi ex-traordinaire ?

LE GALLIGENE.

Rien n'eft plus aifé ; mais, avant tout, je vous prie de m'éclaircir vous-même fur un point. Nous préparons ce terroir pour la vigne : quel climat penfez-vous convenir le mieux à ces fortes de plantations ?

DUNCAN.

La vigne, pour profpérer, demande un climat qui ne foit ni exceffivement

chaud, ni exceſſivement froid. Le trop
grand froid fait languir la digeſtion
des ſucs ; le fruit reſte acerbe. La trop
grande chaleur précipite la digeſtion ;
les combinaiſons trop hâtées ne ſe font
point avec juſteſſe ; le raiſin manque de
qualité.

### Le Galligene.

Fort bien. Et, dans les climats tem-
pérés où l'on cultive la vigne avec ſuccès, ne peut-on pas encore diſtinguer
ceux qui inclinent au chaud, comme
l'Italie, de ceux qui inclinent au froid,
comme votre France ?

### Duncan.

Sans doute ; & les premiers ſemblent
les plus propres à la culture de la vigne.
Là, vous pouvez, en quelque ſorte,
l'abandonner à elle-même. Qu'elle ſe
nourriſſe d'un ſuc abondant, qu'elle
croiſſe & prenne toute l'étendue dont
elle eſt capable, il n'importe : la cha-

leur du climat cuit & digere tous les
fucs, quelque abondans qu'ils foient.
Il n'en eft pas de même des climats qui
inclinent au froid. Ils demandent des
vignes qui ne s'étendent pas trop, qui
ne prennent pas trop de nourriture, qui
donnent des grapes dont les grains
foient petits, menus & rares, afin que
la chaleur, toute modérée qu'elle eft,
puiffe fuffire à la coction des fucs.

### LE GALLIGENE.

Ainfi, dans ces fortes de climats, une
terre fucculente & fertile n'eft pas ce
qu'il faut à la vigne. Où l'on n'en trouve
que de telle, il faut l'amaigrir & la dé-
tériorer : il faut y mêler du gravois, du
fable aride & des cailloux. Vous avez
donc vous-même trouvé les principes
qui, à cet égard, fervent de fonde-
ment à notre agriculture.

### DUNCAN.

J'entre maintenant dans les raifons

de votre conduite, & ne puis les dé-
faprouver. Mais ce qui me furprend
en ce moment, c'eft que je ne·vois
pas ici une feule vigne femblable à
celle d'Europe. Pourquoi avez-vous
d'autres efpèces que nous? & fi vous
avez trouvé le moyen de vous procu-
rer, à volonté, de nouvelles efpèces,
pourquoi n'en cherchez-vous pas qui
ait plus de rapport à votre terroir, &
à votre climât, & vous donne de
meilleur vin?

### LE GALLIGÈNE.

Auffi, depuis long-tems, en cher-
chons-nous : mais cela eft plus long &
pénible que vous ne l'imaginez. Lorfqu'Almont, notre pere & notre fondateur, confioit à la terre les germes
précieux & féconds qui devoient nour-
rir fa nombreufe poftérité, il vit que
les menues graines lui donnoient des
efpèces précifément femblables aux
plantes

plantes qui les avoient produites. Mais
les pépins & les noyaux, quoique pro-
venus de bons arbres fruitiers, ne lui
donnerent que des arbres sauvages, &
des fruits agrestes, qui étoient sans sa-
veur, ou bien en avoient une désagréa-
ble. Il crut que le terroir de son isle
n'étoit point favorable à ces especes,
& long-tems il en négligea la culture.
Un jour, considérant que le germe de
fruits excellens n'en avoit produit que
de mauvais, il conçut que le germe de
mauvais fruits en pourroit donner de
bons. Excité par le besoin, né avec
l'esprit observateur, & pourvu de la
patience nécessaire à quiconque entre-
prend de pénétrer dans les magasins de
la nature, & d'approfondir ses ressour-
ces, il ne balança point à tenter l'ex-
périence. Il sema, tous les ans, les germes des mauvais fruits que ses arbres
sauvages lui donnoient, & le succès
répondit à ses vues. Dans une multi-

Tome II,          C

tude d'arbres de nulle valeur, il en trouva quelques-uns de bons : en moins de vingt ans, il se vit riche de plufieurs fortes de fruits, plus favoureux les uns que les autres, & qui, plus ou moins précoces ou tardifs, ne le laiffoient jamais dépourvu. Dès - lors, il ceffa de femer, &, par le moyen des greffes, il multiplia les efpeces. De tous les arbres qu'il fema, & cultiva, la vigne feule ne répondit pas à fes foins; quelques différentes efpeces qu'il plantât, aucune ne lui donnoit d'auffi bon raifin qu'il eût voulu. Depuis Almont, ces femis de vignes ont été long-tems interrompus. Nous les avons repris il y a plufieurs années, fans avoir encore pu trouver cette efpece parfaitement convenable à notre terroir. En attendant, nous profitons des autres; &, pour en tirer le vin le moins mauvais qu'il foit poffible, nous leur préparons la terre comme vous voyez. Ah!

M. Duncan, il y a bien des myſteres à dévoiler, & bien des avantages à découvrir à l'égard des plantes ; & l'homme ne tire pas, à beaucoup près, tout le parti qu'il pourroit de ces animaux ſilentieux.

### DUNCAN.

Que me venez-vous dire d'animaux ſilentieux ? Une telle idée peut-elle entrer dans une tête auſſi-bien organiſée que la vôtre me paroît l'être ? Quoi ! vous croyez du ſentiment aux plantes, & vous les prenez pour des eſpeces d'animaux ?

### LE GALLIGENE.

Sans doute. Et vous, pour qui les prenez-vous donc ? Eſt-ce que des individus qui naiſſent, vivent & meurent, qui croiſſent & multiplient, qui font ſains & malades, peuvent être autre choſe que des animaux ?

C ij

## DUNCAN.

Quelques phyſiciens d'Europe nous ont dit la même choſe, avec les mêmes raiſons. Mais nous avons pris tout cela pour un jeu d'eſprit ; nous n'en avons fait que rire.

## LE GALLIGENE.

Je ne doute pas qu'en Europe on ne ſache rire très-à-propos ; mais je ne vois pas, qu'à cet égard, on en ait un ample ſujet. Dites-moi, n'avez-vous pas, dans votre pays, des plantes qui fuyent l'attouchement, & donnent des ſignes manifeſtes de ſenſibilité ?

## DUNCAN.

Oui, nous avons des plantes automates ; mais nous expliquons méchaniquement leurs mouvemens, non pas très-clairement, à la vérité ; mais cela vaut toujours mieux que de les croire des animaux,

## Le Galligene.

Puisque vous avez des plantes qui fuyent, vous en avez sans doute aussi qui se plaignent ?

## Duncan.

Qu'appellez-vous des plantes qui se plaignent ?

## Le Galligene.

Oui, des plantes qui, quand on les blesse, s'agitent & se retirent en soupirant. Entrons un moment dans cette cabanne. Voyez, dans cette caisse, un arbrisseau de hauteur d'homme. Ce verd tendre, ces rameaux déliés, ces feuilles minces & presque sans consistence, vous annoncent la mollesse de son tissu, & la foiblesse de sa constitution. Aussi est-il d'une délicatesse extraordinaire, & nous avons une peine extrême à l'élever. Il en naît quelques-uns dans nos champs; mais ils meurent bientôt. Celui-ci a près de dix ans, & nous coûte des soins infinis. Il semble que la nature, pour dédommager cette plante de la débilité de ses organes, lui ait fait don de la voix, afin qu'en manifestant ses douleurs, elle pût attendrir l'homme & l'intéresser à son fort. Vous pouvez la toucher légérement, & comme en la flattant, elle restera dans le silence. Mais si, pressant un peu fortement ses feuilles, vous allez jusqu'à rompre quelque fibre, elle gémit, elle se plaint des douleurs que vous lui faites ressentir. Entendez-vous ces petits soupirs, qui paroissent sortir des fleurs, & qui en effet sortent du calice globuleux qui les soutient. Quand elle a soif, quand elle a chaud, quand elle a froid, quand elle manque d'air, quand elle en a trop, elle fait les mêmes plaintes; ce sont des gémissemens réels; elle implore votre secours, & votre cœur seroit bien dur s'il n'en étoit touché. La voilà bientôt au moment où la génération des germes doit s'opérer. C'est le tems des amours des plantes. Si vous l'entendiez alors, comme elle babille. Ce ne sont plus des cris douloureux ; mais des sons pleins de douceurs, des soupirs de volupté ; on diroit de deux amans heureux.

## DUNCAN.

Vous me montrez-là une plante bien extraordinaire : il y a plus, vous me la faites entendre ; j'en suis stupéfait. Mais, enfin, est-ce un animal ? Ces soupirs ne sont que de petites explosions de l'air, renfermé dans le calice. Les fibres du calice, en se resserrant, le font sortir par secousse & avec précipitation ; de-là, ces sons que vous prenez pour des plaintes.

## LE GALLIGENE.

Sans doute ; & le cri des animaux ne vient-il pas d'un pareil jeu dans les organes de la voix. Comme eux , le plaintif ( c'eſt ainſi que nous nommons cet arbriſſeau ) a ſon organe vocal ; c'eſt , dans ſon eſpece , un animal qui a de la voix. La ſenſitive eſt une autre eſpece d'animal muet , qui a du mouvement. La plûpart des autres plantes, n'ont ni voix , ni mouvement ſpontané , & n'en ſont pas moins des animaux , dont le caractere eſſentiel eſt la ſenſibilité. Mais je paſſe à diſcourir, un tems que je dois au travail. Adieu, Monſieur Duncan. Souvenez-vous qu'il ne faut pas rire , quand on vous dira que les plantes pourroient bien être des animaux ; & qu'un homme qui améliore ſa terre avec du gravois & des cailloux , n'a pas toujours tort.

# CHAPITRE V.

*Conjuration de Montmor Etat des Galligènes. Leurs mœurs ne s'améliorent pas plus que celles de bien d'autres nations. Caractères de Montmor & d'Alcine. Amours qui ne reſſemblent à rien.*

Vers ce tems la République reçut une ſecouſſe, dont elle fut ébranlée juſques dans ſes fondemens. Duncan, qui ſe laſſoit d'écrire ces mémoires, peut-être autant que le lecteur ſe laſſe de les lire, nous tranſmet l'hiſtoire de cette révolution, telle qu'elle fut donnée, peu de tems après, par un Hiſtorien de Galligénie. Ce n'eſt pas qu'il la trouve bien écrite; mais c'eſt qu'il la trouve écrite.

Je ſuis fort éloigné de penſer qu'il y ait une grande utilité à retirer de l'hiſtoire. La connoiſſance qu'elle donne des hommes, les entrepriſes de tout genre dont elle décrit la conduite &

C v *

l'iſſue, en un mot, les affaires humaines dont elle tient regiſtre, ſont autant de leçons données aux méchans comme aux bons ; ſans doute elle peut également encourager le crime & la vertu : j'écris pour ſatisfaire ce deſir inné, qui nous porte à tranſmettre à la poſtérité, ce qui, de notre tems, s'eſt fait & penſé de plus mémorable ; comme ſi, laiſſant un long ſouvenir, nous nous dédommagions de notre courte exiſtence. Malheureuſement je n'ai pas à montrer, des mœurs réglées, douces & uniformes, des hommes vertueux à l'envi les uns des autres, des tems heureux, qui ne ſoient illuſtrés par aucune action d'éclat. Je décrirai des objets plus faits pour l'hiſtoire, des mœurs perverties, des complots atroces, des citoyens égorgés les uns par les autres.

Tant que les Galligènes ne formerent qu'une famille naiſſante, la paix & la vertu furent leur partage. Dès que

leur nombre s'accrut, l'attachement à
la patrie & aux devoirs diminua ; &
l'homme, je ne fçais par quelle fata-
lité, étant contagieux pour l'homme,
notre fociété devint vicieufe, dès l'inftant qu'elle devint nombreufe. D'a-
bord, foible & timide, le vice fe ca-
choit, & pulluloit en rampant ; dans
la fuite, il prit de la hardieffe en pre-
nant des forces ; enfin, nous venons de
le voir, à fon plus haut point, tenter
le plus horrible de tous les projets.
Montmor, affez connu de fes concitoyens, & non affez craint ; Alcine,
la femme de la République la plus con-
fidérée, & qui le méritoit fans doute,
mais non pas à tous égards ; l'un, par
une ambition audacieufe, l'autre, par
une conduite imprudente, viennent de
porter, à leur patrie, un coup dont
elle fe reffentira long-tems, & qui,
peut-être, deviendra mortel.

Montmor étoit d'une taille avantageufe, d'une phyfionomie prévenante, & d'un abord féduifant. Il connoiffoit les hommes; il avoit l'art dangereux de les faire agir, pour fes intérêts, en leur perfuadant qu'ils agiffoient pour les leurs. A des paffions fortes, il joignoit la plus grande activité d'efprit; caractere également propre aux plus belles actions & aux plus grands crimes, & toujours à craindre dans un Etat tranquille. Né avec des vues étendues & des défirs vaftes, il avoit toutes les qualités, bonnes & mauvaifes, qui peuvent faire réuffir des projets ambitieux. Ailleurs, en fuivant fes penchans, c'eût été, peut-être, un héros; chez les Galligènes, ce ne pouvoit être qu'un féditieux.

Alcine n'étoit point de ces beautés piquantes, qui n'appellent qu'à la volupté. Elle infpiroit du refpect, en même tems que de l'amour; & la moindre attention de fa part étoit plus eſtimée, que les faveurs les plus marquées des autres. Son caractere étoit formé de toutes les qualités qui man-quoient à Montmor. Elle avoit moins de vivacité, & plus de juſteſſe ; moins d'activité, & plus de prudence ; moins de păſſions fortes, & plus de douceur ; moins d'ambition, & plus d'élévation dans l'ame.

Montmor aimoit Alcine, il en étoit aimé. Par elle-même, elle avoit tout ce qu'il faut pour toucher un cœur, &, malheureuſement , pour le fixer. De plus, elle jouiſſoit d'une conſidération générale ; aucun citoyen ne lui refuſoit ces hommages, dûs à la beauté unie au mérite & à la vertu. Porté par inclina-tion vers Alcine, Montmor s'y portoit, peut-être , encore plus par ambition ; il aimoit à s'attacher un cœur qui fai-ſoit l'objet des vœux de tous ſes com-patriotes.

Il eſt , dans la nature , de déſirer

d'être aimé, quand on aime ; y est-il
de vouloir être aimé seul ? Montmor
ne se contenta pas d'avoir fait pancher
Alcine en sa faveur ; il forma le dessein
de se l'attacher pour toujours, à l'ex-
clusion de tout autre ; il vouloit con-
tracter avec elle, cette union criminelle & scandaleuse, connue sous le
nom de mariage. Mais le devoir rete-
noit la vertueuse Alcine ; elle ne pouvoit se résoudre à se donner à un seul.
Montmor ne se découragea pas ; il
devint si pressant, il sçut si adroite-
ment émouvoir une ame déja vaincue
par son malheureux penchant, qu'Alcine, ébranlée par tant de sollicita-
tions, & par sa propre passion, réso-
lut de satisfaire, en partie, les desirs
de son amant, sans trop s'éloigner de
ses devoirs, & crut en avoir trouvé
le moyen. Elle lui promit de l'aimer
seul ; voilà ce qu'elle donnoit à son
amour. Elle ajouta, qu'elle ne feroit

jamais rien pour aucun autre; mais, que jamais non plus, elle ne feroit rien pour lui-même; voilà ce qu'elle donnoit à son devoir : elle aimoit mieux vivre dans une continence perpétuelle, que d'accorder à lui seul, ce qu'elle devoit à tous. Cette déclaration flattoit Montmor; mais ne le satisfaisoit pas. Son parti étoit pris, le crime étoit consommé ; il vouloit vivre, avec Alcine, à la maniere d'Europe. Il redoubla ses assiduités & ses empressemens, ce fut en vain. Alcine, ferme dans sa résolution, s'expliqua tant de fois, & si positivement, qu'enfin Montmor perdit tout espoir.

Depuis long-tems, cet esprit ardent & ambitieux, rouloit des projets de révolte. Il eût voulu faire disparoître l'égalité des Galligènes , établir entre eux divers rangs , & s'emparer du premier. Il eût voulu introduire le commerce , lier avec toutes les nations , étendre sa renommée par toute la terre.

Enfin, il eût voulu substituer les loix
européennes, à celles de la République, & réunir, sur lui, tous les avantages qu'elles donnent aux uns, aux dépens des autres. Balancé entre ces vues
séditieuses, & les difficultés du succès,
l'amour le détermina. Les loix d'Europe établies, sa passion rentroit dans
l'ordre, ses prétentions devenoient lé-
gitimes, & la vertu invitoit Alcine à
se donner à lui sans réserve. Son amour,
d'accord avec son ambition, emporta
la balance ; il prit le parti de sacrifier
sa patrie à l'un & à l'autre, & ne s'oc-
cupa plus que de la conduite de ce projet barbare.

# CHAPITRE VI.

*Grande sagesse de Montmor, à faire de grandes sottises. Il prépare une révolution, assemble des conjurés, & leur fait entendre que, pour le bien de la République, il faut la bouleverser.*

MONTMOR connoissoit le caractere de la plûpart de ses compatriotes ; il les passa tous en revue dans son esprit, & destina, dès-lors, à ses desseins ceux qui, distingués dans quelque genre, croiroient aisément gagner aux nouveautés, & qui, naturellement remuans, sembloient devoir applaudir à son entreprise. Esprit souple & délié, il les enveloppa de ses ruses, & les amena, par degrés, à son but. Il se glissoit, comme un serpent, & laissoit par - tout des traces du poison qu'il nourrissoit dans son cœur.

Il félicitoit les citoyens laborieux , fur leur amour pour le travail , exagéroit les obligations que leur avoit la République ; & , leur repréfentant malignement l'impoffibilité légale où elle étoit de les récompenfer , il leur laiffoit à penfer combien étoit défectueufe une police qui ne pouvoit leur rendre juftice , ni les diftinguer des fainéans , que leur travail entretenoit dans l'oifiveté. Il applaudiffoit au travail des gens de lettres , prodiguoit les plus grands éloges à leurs ouvrages, & les plaignoit, fur la néceffité où ils étoient, de s'employer , comme les autres , aux travaux les plus vils, eux qui étoient faits, difoit-il, pour donner des leçons au genre humain , & pour être fervis & honorés par des difciples foumis. Il ajoutoit que, dans l'aviliffement où ils vivoient , les talens ne pouvoient fe déployer qu'imparfaitement , & que les meilleurs écrits annonçoient feulement, ce que leurs auteurs auroient pu faire sous un gouvernement plus favorable au génie. Il flattoit ceux auxquels il connoissoit de la vanité & de l'ambition, qu'il appelloit la source du courage, & l'aiguillon des grandes ames. Il admiroit cette noblesse de sentiment, qui leur faisoit sentir toute la supériorité qu'ils avoient sur le reste des hommes. Mais que leur servoit, disoit-il, ces grandes qualités, dans un Etat qui les confondoit avec les ames les plus viles ? Que leur servoit d'être nés pour s'élever aux plus hauts rangs, dans un pays où l'on ne trouvoit ni premiers ni derniers ? Que leur servoit enfin cet attrait puissant, qui les portoit aux actions d'éclat, dans une République dont les loix les retenoient dans une éternelle inaction ?

Après avoir laissé fermenter quelques mois le levain de la séduction, on le vit bientôt s'expliquer avec plus de clarté, & se plaindre plus hautement de la constitution de l'Etat. Mais en cela, il se comportoit avec une telle adresse, qu'il sembloit prendre les sentimens des autres, & non leur faire adopter les siens. Il échauffoit leur esprit ; &, partant d'après les paroles qui leur échappoient, pour en tirer de plus positives, il les amenoit enfin à hasarder des propos manifestement séditieux. Par cette conduite, il s'assuroit d'autant plus du secret, qu'ils pensoient avoir été les premiers à ouvrir le conseil de la révolte, & se regardoient comme plus emportés que Montmor. De sorte qu'il n'y eut pas un des conjurés qui ne se crût l'un des premiers mobiles de la sédition.

Montmor, actif & vigilant, ne tarda pas à former de petits conseils avec ses confédérés, en assemblant tantôt les uns, tantôt les autres. Là, il présentoit le prétexte de l'intérêt public, à ces citoyens pervertis, & déja difposés à tout entreprendre, par intérêt perfonnel. » Si votre avantage & le mien » étoient nos feuls motifs, leur difoit- » il, vous ne me verriez pas preffer, » avec tant d'ardeur, l'exécution de » notre généreufe entreprife. Mais la » voix de la patrie parle à mon cœur, » & doit toucher le vôtre. Le gouver- » nement actuel pouvoit convenir, » dans ces premiers tems de la Répu- » blique, tems obfcurs, où l'ignorance » & la fimplicité ne mettoient aucune » différence entre les Galligènes. Mais » aujourd'hui, que les qualités per- » fonnelles rendent les citoyens fi fu- » périeurs, ou fi inférieurs les uns aux » autres, l'égalité & la communauté » ne font plus qu'une injuftice, qui » confond celui qui mérite, avec celui » ne mérite pas. La République n'a- » t-elle pas enfin acquis toute fa force, » & la conduite d'une jeuneffe vigou-

» reuſe, doit elle être celle de l'enfance?
» Juſqu'ici ſans idées, en petit nom-
» bre, & ſeulement occupés du né-
» ceſſaire, les Galligènes n'ont pas
» même porté les yeux au-delà de leur
» iſle; maintenant, de nouveaux avan-
» tages, & de nouveaux plaiſirs, leur
» ſont réſervés; il ne s'agit que de vou-
» loir, le commerce va nous ouvrir
» tous les tréſors de la terre. Dans la
» diſtribution que la nature a faite de
» ſes productions les plus rares aux dif-
» férentes habitations des hommes, la
» nôtre a, peut-être, été la plus fa-
» voriſée de toutes. La plante aërienne,
» que notre iſle ſeule produit, & dont
» les autres nations n'ont pas même
» d'idée, eſt d'un prix ineſtimable. Fai-
» ſons part de ce lin précieux aux au-
» tres habitans de la terre, & recevons,
» de leurs mains, ce que leurs climats
» produiſent de plus utile & de plus
» flatteur. Dès-lors, nous aurons des

» vivres pour cent fois plus d'habitans
» que nous ne sommes ; & , dès-lors
» tombera , d'elle - même , cette loi
» barbare , qu'une dure nécessité fit éta-
» blir ; cette loi , qui arrête le cours des
» générations , & prescrit des bornes
» étroites à la nature , dans celle de
» toutes ses opérations où l'on devroit
» le plus favoriser ses efforts. Jusqu'à
» quand resterons-nous isolés & sem-
» blables à des fugitifs qui craignent
» l'aspect des autres hommes ? Si vous
» n'êtes pas sensibles à l'état d'abjection
» où vous vivez , qu'au moins l'intérêt
» de la patrie réveille votre zèle. Ou-
» vrez les yeux, voyez ce qu'elle est, &
» ce qu'elle pourroit être. Elle vous tend
» les mains, que sa langueur vous tou-
» che. Armez-vous en sa faveur ; abo-
» lissez un gouvernement inactif , qui
» engourdit l'ame & flétrit le cœur des
» citoyens ; établissez les loix euro-
» péennes , ces loix sages, qui doivent

» faire votre bonheur , & donner une
» nouvelle vie à la République ; conf-
» truifez des vaiffeaux , & que votre
» commerce appelle , des bouts de la
» terre, l'abondance & la profpérité «.

Ainfi les allicioit ce perturbateur
dangereux du repos public ; ainfi , pré-
textant l'utilité de fa patrie , il en préparoit la ruine. Séduits par ces appa-
rences captieufes , plus encore par leur
intérêt particulier , ils fe liguoient avec
lui , & juroient d'appuyer , de toutes
leurs forces , les réfolutions que pren-
droient les confédérés affemblés. Il les
congédioit , en exhortant chacun d'eux
à fonder , avec adreffe, les efprits ; à
faire entrer , dans la confédération ,
ces hommes ardens , nés pour les grands
projets ; à difpofer feulement aux changemens futurs , ceux qui ne mérite-
roient qu'une demi-confiance ; à fe cacher foigneufement de ces ames foibles,
que révolte l'idée feule des innovations.

Ces

Ces assemblées particulieres , ne lioient pas assez les conjurés entre eux ; & , d'ailleurs, on ne pouvoit prendre les derniers arrangemens , que dans une assemblée générale. Elle fut indiquée.

## CHAPITRE VII.

*Vertus, d'une part ; crimes, de l'autre.
Conseil des Conjurés. L'un d'entr'eux
veut qu'on se défasse de la moitié des
citoyens. On prend le parti de ne tuer
que ce qu'il y a de plus·respectable.*

Tous les ans les Galligèns célebrent,
dans la belle saison, la naissance de
leur législateur. Cette fête est moins
remarquable par la pompe, que par le
zèle du peuple. Dans le cours du mois
qui la précede, on entend chanter des
vers à la gloire d'Almont : il semble
qu'on accuse la lenteur du tems, &
qu'on appelle le jour de la solemnité.
Ce jour arrivé, les Galligènes s'assem-
blent, au bruit des fanfares. Tout ce
qu'ils ont.pu imaginer d'agrément dans
leur maniere de s'habiller, est mis en
usage, & chacun s'est pourvu de bou-

quets, de couronnes, & de feſtons de fleurs. Ils ſe mettent en ordre, ſortent de la ville du côté de l’orient, avancent un quart de lieue dans la plaine. Là, ſur une petite éminence, fut inhumé leur légiſlateur. Les Galligènes paſſent ſucceſſivement à côté de ſon tombeau, & le couvrent de fleurs. Cependant l’air retentit, tantôt des acclamations du peuple, tantôt du chant des hymnes, & des éclats harmonieux des ſymphonies. Des danſes ſe forment de tous côtés : tout eſt en mouvement ; tout inſpire la joie, le zèle & la vénération pour Almont. L’hommage rendu aux cendres de leur pere commun, les Galligènes ſe ſéparent. Les uns reprennent le chemin de la ville ; les autres ſe diſtribuent par troupes dans les boſquets des environs ; tous prennent un repas frugal ; mais où regne une gaieté d’autant plus vive & touchante, qu’elle eſt univerſelle. La plûpart continuent de s'entretenir des vertus d'Almont. Les danfes & les chants fe renouvellent. Le refte du jour s'écoule dans ces amufe- mens dignes des premiers tems de la République ; il eft nuit, & les échos répetent encore, de toutes parts, les louanges du légiflateur des Galligènes.

Ce jour même, confacré au fonda- teur de la République, fut choifi par les Conjurés, pour délibérer fur fa rui- ne. La ceffation des travaux, qui, dif- perfant les citoyens, en appellent une partie dans les endroits de l'ifle les plus écartés, la joie publique, que l'inatten- tion ne manque jamais d'accompagner, tout favorifoit leur affemblée furtive. Ce fut fur le bord de la mer, entre des rochers efcarpés, dont les amas ftériles & confus infpiroient je ne fais quoi de féroce à ces ames déja altérées du cri- me, que l'horrible complot de Mont- mor fut cimenté & prit fa derniere forme. Les Conjurés, réunis à l'heure

indiquée, commencerent par nommer
un chef; ce qui ne tarda pas. D'une
voix unanime, on élut Montmor. Ils
jurerent ensuite, de lui rester inviola-
blement attachés, d'obéir aveuglément
à ses ordres; &, s'il en étoit besoin, de
répandre leur sang & sacrifier leur vie
à l'intérêt de la cause commune. Ils fixerent pourtant son pouvoir, & leur
dépendance, jusqu'au tems où les anciennes loix seroient abrogées, les nouvelles établies, & le peuple tranquille.
Alors, ils devoient reprendre leur ancienne liberté, & nommer des Magistrats, pour gouverner selon la nouvelle législation. Restriction vaine,
qui, ne désignant rien de précis, ni
pour le tems, ni pour les circonstances, laissoit à Montmor un pouvoir
sans terme & sans limites.

Ils consulterent ensuite, sur ce qu'ils
avoient à faire, pour se soumettre la
République, se rendre les maîtres ab-

folus de leurs concitoyens, & établir leurs nouvelles loix. L'un d'entr'eux, & fans doute, le plus farouche de tous, prit la parole : » Compagnons, leur » dit-il, nous avons formé un projet, » peut-être autant utile à la Républi-» que, que glorieux pour nous ; mais » qui peut auffi devenir fune..e aux uns » & aux autres. Si nous n'affoibliffons » les Galligènes, jamais ils ne defcen-» dront jufqu'à nous obéir ; & , loin » d'établir l'ordre que nous nous propo-» fons, nous mettrons tout en confufion. » C'eft à regret que j'ouvre un avis qui » vous paroîtra, & qui me paroît à » moi-même, violent & fanguinaire. » Mais nous fommes en petit nombre, » & nous ne pouvons devenir forts, » que par la foibleffe des autres. Ele-» vons-nous au-deffus des préjugés, & » regardons comme vertu, un crime » d'état qui mene à la gloire & à la » profpérité de la République. Il faut

» épuiſer un corps que nous ne pou-
» vons dompter autrement ; il faut faire
» périr la plûpart des Galligènes qui
» ſont en état de porter les armes ; il
» faut faire périr nos Magiſtrats, ceˢ
» vieillards trop reſpectés, pour que
» leur ſeul aſpect ne réveille pas l'a-
» mour d'un gouvernement que nous
» voulons abolir. Alors, nous verrons
» la République, ſans force & ſans
» reſſources, ſe ſoumettre à toutes nos
» vues ; & , lorſque le tems, la paix
» & l'abondance lui auront rendu ſa
» premiere vigueur, elle ſe trouvera
» pliée à la nouvelle adminiſtration ;
» & , bientôt, elle perdra juſqu'au ſou-
» venir de ſes anciennes mœurs «.

Un autre conjuré remontra qu'ils
ne s'étoient pas confédérés, pour ver-
ſer le ſang de leurs freres ; mais pour
leur faire adopter de nouvelles loix , &
les forcer à devenir opulens & heureux;
qu'ils étoient en petit nombre , il eſt

vrai ; mais que parmi ceux des Galligènes qui feroient en état de leur ré-
fifter, la plûpart penchoient aux innovations ; que beaucoup preffentoient
les changemens qui fe préparoient, &
paroiffoient difpofés à y donner les
mains ; que le refte fe trouveroit dans
la néceffité de fuivre le torren ; qu'il
ne voyoit pas non plus ce qu'on avoit à
craindre des Magiftrats, ces vieillards
foibles, dont toute l'influence & le cré-
dit tomberoient avec le gouvernement
actuel ; que fon avis étoit, qu'on devoit feulement s'emparer des arfenaux,
& de-là, appeller le peuple ; &, les
armes à la main, lui dicter les loix qui
devoient faire fon bonheur.

Ces deux avis partageoient les efprit, lorfqu'on en ouvrit un troifiéme
qui les réunit. On repréfentoit que
ceux des citoyens qui fe trouveroient
en état de porter les armes, pourroient,
fans répugnance, fe prêter aux vues de

la nouvelle adminiſtration ; mais qu'il
ſe pourroit faire auſſi , qu'une innova-
tion ſi ſubite , ne fût pas de leur goût ;
ſur-tout ſi des Magiſtrats , toujours reſpectés , venoient à les aiguillonner , &
à réveiller en eux l'amour de l'ancienne
légiſlation ; qu'il ſe pouvoit faire que
les anciens , déchus de la conſidération
dont ils jouiſſoient , ne tenteroient
rien , ou tenteroient vainement ; mais
qu'ils pouvoient auſſi eſſayer & réuſſir ;
qu'il falloit étouffer une force , qui deviendroit funeſte aux confédérés , ou la
puiſſance qui la dirigeroit contr'eux ,
& faire périr des hommes , qui , tôt
ou tard , ſe rangeroient du côté des
Magiſtrats , ou les Magiſtrats même ;
que dans une telle extrémité , le plus
prudent ſembloit être , de ſacrifier , à la
ſûreté de leurs ſuccès , des vieillards
caducs , qui , ne pouvant à l'avenir être
utiles , pouvoient être ſi nuiſibles , &
de conſerver à la République , une jeu-

D v

neſſe floriſſante , néceſſaite aux vues
même des confédérés , qui ſe propo-
ſoient de lier avec toutes les nations,
& d'étendre leur commerce par toute
la terre.

Ainſi fut réſolu le maſſacre de ces
hommes vénérables. On ſçait de quelle
baſſeſſe & de quels crimes eſt capable ,
par lui - même , l'intérêt perſonnel :
mais lorſqu'il s'appuye d'un prétexte
ſpécieux , & ſe maſque de l'amour du
bien public , il eſt incroyable à quel
point il peut porter l'atrocité & la bar-
barie.

Vers ce tems , il parut quelques
phénomenes, auxquels à peine fit-on
attention ; mais que dans la ſuite ,
l'événement de la conjuration fit re-
garder comme des ſignes qui avoient
préſagé les malheurs dont la République étoit menacée. Dans une nuit
obſcure , on vit s'avancer , du côté
du midi, une maſſe enflammée , qui

s'arrêta fur la ville, qu'elle fembloit menacer, éclata, & difparut comme un éclair. Quelques jours après, la foudre tomba fur le palais des anciens, où elle fit un fracas énorme, fans caufer aucun dommage. Sous les voûtes du verfeau, on avoit entendu des bruits fourds, comme d'une tempête, qui murmuroit, & cherchoit à fe faire jour. A ces préfages, fi c'en eft, les amateurs du merveilleux ajouterent, & ajoutent encore tous les jours, des prodiges, des fantômes gigantefques, errans dans l'ombre de la nuit, des voix nocturnes & plaintives, entendues dans le filence des bois, des foupirs & des gémiffemens fortis du tombeau d'Almont, & beaucoup d'autres chofes de cette nature, qu'on ne s'étonnera pas que l'hiftcrien fupprime.

## CHAPITRE VIII.

*Avis donnés en pure perte. Entretien d'Alcine & de Montmor. Il frémit d'avoir eu la seule bonne pensée qui lui tomba dans l'esprit.*

Flatté des premiers hommages que les Conjurés venoient de lui rendre, comme à leur chef, ébloui par les dispositions qui promettoient le plus heureux événement, Montmor commençoit à goûter les douceurs de la domination. Mais, tandis que son ame ambitieuse s'épanouissoit, son cœur se resserroit, & l'amour troubloit son bonheur. Quelle idée se formera la tendre, la vertueuse, la judicieuse Alcine, sur la conduite des Conjurés? Montmor sera-t-il à ses yeux un grand homme, ou un séditieux; un héros, ou un scélérat? Peu lui importe de se rendre le maître de la République, s'il ne peut rien sur le cœur de son amante ; & le trône n'a rien de flatteur pour lui, s'il n'y monte avec Alcine. Comment éclaircir ces doutes inquiétans ? Hasardera-t-il toutes ses espérances ? Exposera-t-il la vie de ceux qui se sont dévoués à lui, en revelant le secret d'une conjuration qui, peut-être, le rendroit odieux ? Pour satisfaire à son amoureuse impatience, sans nuire à la conduite de ses projets, il eut recours à ses ruses ordinaires ; il entreprit de faire entrevoir & désirer à son amante, l'événement qu'il préparoit.

Il lui dit un jour, que les choses ne pouvoient subsister long-tems dans l'état où elles étoient. Qu'il appercevoit, dans les esprits, une fermentation, qui, probablement, finiroit par un changement total dans la forme du gouvernement. Qu'on se lassoit des loix qui, n'accordant rien au mérite, retrécisfoient l'ame, éteignoient les talens ; étouffoient le germe des grandes actions. » Que je ferois heureux, ajouta- » t-il, fi nos ufages faifoient bientôt » place aux mœurs des Européens. J'au- » rois, alors, le bonheur de me dé- » vouer à vous fans réferve. Cette affec- » tion, qui embraffe toutes les femmes » de la République & n'en époufe au- » cune, cette affection, dis-je, au- » jourd'hui fi recommandée, devien- » droit alors criminelle. Mon amour, » d'accord avec mon devoir, ne me » montreroit que vous. Epoux fortuné, » je ferois tout à Alcine ; Alcine feroit » toute à moi ; &, par un rénverfement » que nous avons peine à comprendre, » on appelleroit cela vertu «.

A ces propos téméraires, & qui, de toute autre part, euffent révolté la vertueufe Alcine, elle répondoit : que dans ce qu'il défiroit, il y avoit fans doute plus de vanité que d'amour ; que

l'un & l'autre l'aveugloient fur les fuites de ces fortes d'innovations, & ne
lui montroient que le bonheur imagi-
naire, qu'il plaçoit dans la poffeffion
exclufive & paifible de ce que l'on aime;
que ce bonheur n'étoit pas tel qu'il fe
le figuroit ; que la grande recomman-
dation où la conftance eft en Europe,
prouve qu'elle y eft bien rare, & qu'en
amour, le droit de propriété femble
en être la fin ; que d'ailleurs, la révolution qu'il paroiffoit défirer, & qu'il
devroit craindre, ne pourroit avoir
lieu, fans jetter un trouble univerfel
dans la République, & fans expofer
la vie de la plûpart des citoyens ; que
ce n'étoit que par des fentiers arrofés
de fang, que l'on paffoit d'un genre
de gouvernement à un autre tout op-
pofé ; que la révolution terminée, & les
nouvelles loix établies, elle ne voyoit
pas qu'on dût être plus heureux qu'au-
paravant ; qu'au moins il ne paroiffoit

pas que les Européens, dont le bonheur sembloit si doux, en jouissent d'un
plus parfait que les Galligènes. » Quant
» à nous, poursuivit-elle, je ne vois
» pas non plus quel avantage nous pour-
» roit être réservé dans une telle révo-
» lution. La République détruite, l'é-
» galité des citoyens évanouie, si Mont-
» mor & Alcine se trouvoient dans les
» derniers rangs de la société, ver-
» roient-ils, avec tranquillité, des ci-
» toyens orgueilleux daigner à peine les
» honorer d'un coup-d'œil « ?

» Alcine, reprit vivement Mont-
» mor, vous êtes faite pour comman-
» der, & Montmor n'est pas fait pour
» ramper. Dans l'état d'inégalité, cha-
» cun se propose le rang où il veut vi-
» vre, & son industrie l'y fait monter.
» On est artisan de sa fortune, &....
» Et voilà précisément, interrompit
» Alcine, l'origine des maux qui dé-
» solent ces sortes de gouvernemens.

» Comme chacun court à la fortune ,
» on se rencontre, on se heurte, on se
» renverse. Une telle société semble
» plutôt un corps dont les ressorts s'é-
» branlent & se détruisent, qu'un corps
» dont les parties concourent au bien-
» être de tout. Il n'y a point de gouver-
» nement qui n'ait ses inconvéniens.
» Avec les siens, e nôtre est celui qui
» semble nous convenir le mieux. Les
» Galligènes ne forment pas un peuple
» nombreux ; ils se connoissent tous ;
» c'est une famille que gouverne un
» pere tendre. De sages vieillards, nos
» égaux par la loi, nos supérieurs par
» le respect que nous avons pour eux ,
» gouvernent sans être maîtres ; & , les
» mains liées pour le mal , font tout le
» bien qu'ils peuvent faire. Ne désirons
» point une autre administration ; il en
» est, peut-être, d'aussi bonnes, mais
» il n'en peut être de meilleures ;

» vivons en paix , Montmor ; & , s'il
» se peut , ne nous aimons plus «.

Confondu par des réflexions si sages ;
attendri par la douceur insinuante d'Alcine ; pressé par un amour dont il commençoit à n'être plus le maître , Montmor prend enfin le parti de dévoiler à
son amante toute la trame de la conspiration , dans le dessein de lui sacrifier ses vues , s'il ne gagnoit pas sur elle
de les approuver. » Alcine , lui dit-il ,
» voyez à quel excès. . . . . . Il n'acheva
pas : tout son corps tressaillit , son front
se rida , & le feu que l'amour allumoit
dans ses yeux s'éteignit. L'image des
Conjurés , dont il trahissoit les intérêts & la perspective de la fortune
éclatante qu'il se promettoit , s'offrent
en ce moment à cette ame altiere : l'a-
mour cede à l'ambition. Il feint un em-
pressement qu'il n'a plus , entretient
encore un instant Alcine , lui jure un

amour éternel, & se retire au plus vîte. Il fuit, un objet qui prend trop d'empire sur lui ; il va, dans l'éloignement, raffermir son ame ébranlée, & ranimer cette fougue orgueilleuse, qu'il sentoit s'amortir à la vue seule de son amante.

## CHAPITRE IX.

*Grand effet de l'esprit patriotique sur deux Conjurés. Vertu notable de Mirmond. Il découvre la conjuration , ou par prudence , ou par hafard , comme on voudra.*

Il n'étoit guère possible qu'il ne tranfpirât rien de la conjuration. On parloit de mécontens , de confédérations , de révolutions prochaines. Montmor fentit toutes les conféquences de ces rumeurs , & preffa l'exécution de fes projets. Un de fes plus grands embarras , fut de fe pourvoir d'armes. Il ne s'en trouve en aucun lieu de la République , hors fes magafins. On les en tire , ou pour les exercices militaires , ou pour la garde quī veille au palais des anciens , & fert de main - forte à la juftice , ou pour la chaffe & la pêche.

On les y rapporte immédiatement après ; & c'eſt une ſage police, qui, de tout tems, s'eſt exercée dans la derniere rigueur. Montmor, au moyen de quelques ouvriers en fer qu'il s'étoit attachés, fit faire furtivement, & avec le plus de diligence poſſible, autant de poignards qu'il comptoit de conjurés : toute autre arme n'auroit pu ſe fabriquer, ſans s'expoſer au danger d'être découvert. Ces armes prêtes, Montmor tint un dernier conſeil, avec ceux de ſes gens auxquels il avoit le plus de confiance, fit ſçavoir aux autres le parti qu'il avoit pris, & leur marqua la nuit, l'heure, & le lieu où ils devoient s'aſſembler pour mettre en exécution ce qu'ils projettoient depuis ſi long-tems.

Le jour fatal arrivé, deux conjurés, Marſil & Givry, liés par la conformité de leurs talens, & depuis par le complot où ils avoient entré l'un &

l'autre , s'étoient retirés enfemble dès
la chûte du jour , & attendoient , dans
la campagne , l'heure défignée pour fe
rendre à l'affemblée générale. Marfil
s'étoit trouvé ce jour même au tribunal
des anciens. Il avoit vu ces refpectables
vieillards , fans ceffe occupés du bon
ordre de la République & de la concorde des Galligènes , & ce concours
de peuple refpectueux , .qui reçoivent
les fentences de leurs Juges comme des
oracles,& qui,fe foumettant fans répugnance à leurs décifions , femblent des
enfans bien nés , qui exécutent les ordres du pere de famille. Subitement
attendri par ce tableau : » Quel autre
» tribunal , dit-il , veut-on fubftituer
» à celui-ci ? Où trouvera-t-on des Ju-
» ges plus refpectables & plus refpec-
» tés ? Voilà donc le défordre qu'il
» faut arrêter ; voilà les têtes coupables
» qu'il faut immoler ! Ces Juges , di-
» gnes de l'immortalité , s'occuperont

» encore de notre bien-être, lorsque
» nous viendrons leur percer le sein !
» O Montmor, ô Confédérés, nous
» sommes, sans doute, les plus cou-
» pables des hommes « ! Frappé de ces
réflexions, & l'ame pénétrée de remords, il sortit, presque dans la résolution de révéler la conspiration.
Mais l'image qui l'avoit touché, n'a-
gissant plus sur ses yeux, son cœur cessa
bientôt d'en être ému ; le souvenir de
ses sermens, & l'attachement qu'il
avoit pour plusieurs des conjurés, re-
prirent leur ascendant. Il passa le reste
du jour dans ces combats intérieurs,
qu'éprouve un homme foible qui mé-
dite un grand crime ; &, sur le soir, il
s'étoit joint à Givry. Son extérieur se
ressentoit de ce qui se passoit intérieure-
rement. Il se tournoit, de tems en tems,
du côté de la ville, & soupiroit. Une
contenance triste, un morne silence,
une air d'inquiétude, tout annonçoit

ſon trouble. » Et quoi, lui dit Givry ;
» vas-tu montrer à tes compagnons un
» extérieur de ſi mauvais augure ? N'as-
» tu pas encore bien pris ton parti ?
»'Eſt-il tems de balancer, & d'écouter
» un vain remords qu'enfante le pré-
» jugé « ? Ce remords m'accable, ré-
» pondit Marſil ; plus l'inſtant fatal ap-
» proche, plus je ſens que mes forces
» m'abandonnent. » Chaſſe, loin de toi,
» des réflexions ſi tardives, reprit Gi-
» vry. Eſt-il tems de ſe tourner du côté
» de la République ? D'ailleurs, irois-
» tu trahir baſſement des citoyens qui
» ſe ſont confiés à toi ? Donneras-tu la
» mort à ceux qui te deſtinent tant de
» biens « ? Ces biens, je les déteſte,
interrompit bruſquement Marſil; »ceux
» qui me les promettent, ſont des ſcé-
» lérats, & je le ſuis moi-même. Mal-
» gré leur crime, je me ſens une ré-
» pugnance invincible à les déceler.
» Faiſons mieux, gardons le ſecret, &

» ne

» ne les perdons pas ; mais ne nous joi-
» gnons point à eux , & ne souillons
» point nos mains du sang de nos freres.
» Restons dans l'inaction , puisque nous
» ne pouvons agir sans nous rendre
» coupables envers nos confédérés , ou
» notre patrie. Selon l'événement , nous
» trouverons aisément quelque prétexte
» pour justifier notre conduite «. Un
tel parti trahissoit également les Conjurés & la République ; mais il sembloit le plus doux , & convenoit à deux
ames sans forces : ce fut celui qu'ils
prirent. Ils retournerent donc à la ville,
& rentrerent dans leur quartier. La nuit
s'avançoit ; d'un côté , les Conjurés se
répandoient dans la campagne, & s'ap-
prochoient du rendez-vous ; de l'autre ,
la plûpart des habitans s'étoient retirés.
Bien éloignés de soupçonner ce qui se
tramoit contr'eux , ils s'abandonnoient
à un sommeil tranquille, dont le réveil
devoit être si funeste. Touché de la paix

& du silence qui regnoit de toute part :
» ô calme trompeur , dit Marsil , de
» quel affreux orage tu vas être suivi !«

Le censeur de ce quartier , s'appelloit Mirmond , l'homme de la République dont les mœurs étoient les plus
exactes & les plus séveres : c'étoit le
Caton |des Galligènes. Jamais citoyen
n'a pu lui reprocher d'avoir eu , dans
tout le cours de sa vie , un seul ami.
Son cœur ignora toujours les dange-
reuses impressions de la reconnoissance ,
& ne connut de l'amour , que ces desirs vagues dont toutes les femmes sont
successivement l'objet. Il aimoit singu-
lierement tous les citoyens ; mais jamais il ne donna son estime à aucun
d'eux , & jamais il ne rechercha celle
de personne. Sans cesse il crioit contre
l'émulation , le desir de se distinguer ,
les vues de renommée , & ne vouloit
d'autres motifs de nos actions , que
l'humanité & le patriotisme. L'œil

toujours ouvert fur la conduite des Galligènes, il avoit vu quelques traces de la conjuration ; mais il n'avoit pu les fuivre, ni rien approfondir. Ce jour même, il apperçut des mouvemens, qui lui donnerent du foupçon & de l'inquiétude. Etant aux aguets, & cherchant à s'éclaircir, il avoit entendu le dernier propos de Marfil, & ne douta plus que le danger le plus preffant ne menaçât la République. Il fuivit les deux conjurés, fans qu'ils s'en apperçuffent. A peine étoient-ils entrés dans leur logis, qu'il y entra lui - même. » Quoi ! leur dit-il, vous connoiffez le » danger qui menace vos freres, & » vous reftez dans l'inaction. Vous ver- » rez d'un œil tranquille, le renver- » fement de cette République qui vous » donna le jour, qui prit foin de votre » enfance, qui, même dans ce moment » fatal, occupée de vos befoins & de » votre bien-être, ne voit pas le péril

» dont elle eſt environnée! Citoyens
» dénaturés, voici l'un de ces anciens
» deſtinés à être enſevelis ſous les rui-
» nes de l'Etat : que l'horrible ſacrifice
» commence par lui ; percez ce cœur,
» déja nâvré de toutes les horreurs qui
» l'environnent : ou plutôt, que l'a-
» mour de la patrie ſe rallume dans vos
» ames ; que ſa chûte imminente ré-
» veille votre ſenſibilité ; parlez, dé-
» veloppez-moi ces affreux myſteres,
» joignez vos efforts aux miens, &
» ſauvons la République, s'il en eſt
» encore tems «.

Marſil & Givry, frappés d'étonnement, déchirés de remords & ſaiſis de
crainte, crurent que tout étoit découvert ; &, dans leur émotion, ne ba-
lancerent point à donner à Mirmond,
les éclairciſſemens qu'il leur demanda.
Il les quitta, en les raſſurant de leur
frayeur, & leur diſant que la part qu'ils
avoient priſe à la conjuration, n'étoit

pas tant un crime, qu'une reſſource que la Providence avoit réſervée à la République chancelante.

Sans perdre de tems, Mirmond prit toutes les meſures qu'exigeoit le danger qui preſſoit l'Etat. Il s'aſſura des deux conjurés qui venoient de s'ouvrir à lui, & qu'une fauſſe compaſſion eût pu porter à donner avis à leurs confédérés de tout ce qui ſe paſſoit. Il fit fermer le quartier des femmes & des enfans, afin de ne recevoir aucun empêchement d'où il n'avoit aucun ſecours à eſpérer. Il fit diſtribuer des armes à près de trois mille hommes, dont il connoiſſoit le courage & l'attachement à leur patrie. Six à ſept cens ſe rendirent au palais des anciens; les autres, ſous la conduite d'Orville, marcherent à la place des exercices, où ſont les magaſins d'armes & de munitions de guerre. Ces arrangemens furent pris en moins de deux heures;

&, ce qui doit étonner dans un danger auſſi grave & auſſi preſſant, tout
ſe paſſa dans le ſilence & ſans la moindre confuſion.

# CHAPITRE X.

*Propos de femmes. Inquiétudes d'Alcine. Evénement de la conjuration. Belle résolution de Montmor, qui prend le parti de se faire égorger avec toute sa suite.*

LES femmes étonnées de l'ordre inattendu qui les renfermoit dans leurs quartiers, alarmées de ce qu'elles entendoient dire qu'une guerre civile armoit les citoyens les uns contre les autres, étoient dans une perplexité qu'on auroit peine à décrire. Elles marchoient de tous côtés, sans se proposer d'aller nulle part ; s'assembloient par pelotons ; se demandoient, les unes aux autres, quelle étoit l'origine, la cause, le but de la révolte : les chefs, le nombre, les armes des révoltés ; les troupes, les forces & l'état de la République. Les caufes probables, ou fans apparence , les fuites imaginaires , poffibles & impoffibles ; tout fut foup-çonné, excepté le vrai. A l'impreffion de la curiofité , fuccédoit celle de la crainte. Elles fe difoient, les unes aux autres , que fans doute la famille d'Al-mont étoit à fon dernier jour ; qu'elles étoient réfervées à périr les dernieres dans les langueurs de l'abandon & de la folitude ; qu'il étoit bien plus avan-tageux pour elles , de périr avec la Ré-publique ; que fi le vertige qui agitoit les citoyens pouvoit s'appaifer , ce fe-roit, fans doute, à l'afpect de leurs fem-mes ; que la douceur opere fouvent plus que les efforts de la force ouverte ; qu'on leur amenât leurs enfans , qu'elles fe joindroient à eux, & que les careffes de ces innocentes victimes de leurs dif-cordes , ne pourroient manquer d'a-doucir les cœurs les plus féroces ; que fi les hommes perféveroient à s'acharher les uns contre les autres, ils commençaſſent par les maſſacrer elles & leurs enfans ; qu'en pareille circonſconſtance, c'étoit un bienfait de leur donner la mort, & une cruauté de leur laiſſer la vie, en les abandonnant ſeules & ſans reſſources, dans une iſle, pour laquelle le reſte de la terre eſt comme s'il n'étoit pas.

Au milieu de ce tumulte général, Alcine, immobile & dans le ſilence, étoit plus agitée qu'aucune autre. Le trouble dans le cœur, la pâleur ſur le viſage, la triſteſſe & l'abattement dans les yeux, elle n'interrogeoit perſonne, & ne répondoit rien à celles qui l'interrogeoient. De tems en tems, elle répandoit quelques larmes ; & d'autres fois, tout ſon corps étoit ébranlé par des frémiſſemens ſubits. Elle ſe rappelloit les diſcours que Montmor lui avoit ſi fréquemment tenus, & ſçavoit combien il étoit entreprenant & pré-

somptueux. Jusqu'alors sa passion l'a-
voit aveuglée ; en ce moment le voile
tomba , elle vit l'abîme où sa conduite
la précipitoit. Qu'un cœur tendre se
fait aisément illusion , & que l'amour
a d'adresse à voiler les malheurs qu'il
entraîne !     •

Alcine avoit une confidente ; l'a-
mour peut-il s'en passer ? Cette confidente se nommoit Saphire ; & c'est
d'elle que nous tenons les détails des
intrigues amoureuses de Montmor. Saphire cherchoit Alcine , & la trouva ,
dans le trouble dont nous venons de
parler. »Chere Saphire , lui dit-elle ,
» je te vois alarmée comme les autres ,
» & non sans raison : sans doute un
» danger pressant menace la Républi-
» que ; comme toi , je partage l'in-
» quiétude commune ; mais mon des-
» tin y mêle des malheurs particuliers
» à moi seule. Ah ! si tu lisois dans
» mon cœur ! Montmor , ( non je ne

» crains point de te confier mes tristes
» soupçons ) Montmor est sans doute à
» la tête d'une troupe de séditieux , &
» marche contre sa patrie. Si un heu-
» reux destin affermit la République
» contre ses attentats, il subit une mort
» ignominieuse, qu'il n'a que trop mé-
» ritée. Si la République succombe, .
» pourrai-je le voir , sans horreur , ve-
» nir à moi , au-travers des ruines de
» sa patrie, & souillé du sang de ses con-
» citoyens. C'en est fait , il faut le per-
» dre ou le haïr «. En vain Saphire
essaya de calmer l'esprit d'Alcine ; un
noir pressentiment enveloppoit son
ame , & en excluoit toute consolation.

Cependant les Conjurés , au nombre
de près de cinq cens, s'étoient rendus
au lieu indiqué. Montmor , le feu dans
les yeux , les haranguoit , & tâchoit de
faire passer dans leur cœur , toute la
fureur qui dévoroit le sien. Il leur fit
distribuer les poignards , armes peu

avantageufes, difoit-il, mais qui fuffi-
foient à de grands courages, & qui leur
ouvriroient les redoutables arfenaux
de la République. Il diftribua fes gens
en deux corps, l'un de trois cens cinquante hommes; l'autre de cent cinquante. Le premier eut ordre d'aller
s'emparer des magafins d'armes & de
munitions de guerre; il marcha avec
l'autre vers le palais des anciens.

A quelque diftance de la ville, du
côté du midi, eft une grande efpla-
nade qui fert aux exercices. Deux gros
pavillons, éloignés l'un de l'autre de
près d'un quart de lieue, fe trouvent
fur l'un de fes bords, du côté de la
campagne. Du côté de la ville, un autre pavillon, à pareille diftance, femble placé au troifieme angle d'un trian-
gle. Dans les deux premiers, font en
dépôt des provifions immenfes de pou-
dre & autres munitions de guerre; le
troifieme eft le magafin d'armes. La

place eſt environnée, de tous côtés,
de bois taillis ſi épais, qu'il n'eſt pas
poſſible d'y pénétrer. Deux ſeuls che-
mins y conduiſent; l'un du côté de la
villë; l'autre du côté des champs. Ce
fut à l'embouchure de ce dernier, que
Dorville conduiſit les deux mille hommes qu'il commandoit. Il les diſpoſa
en forme de croiſſant, dont les deux
extrémités touchoient au bois taillis, à
droite & à gauche du chemin, dont
l'iſſue reſta libre. A peine les Conjurés,
qui marchoient en peloton très-ſerré,
eurent débouché dans la place, que
les extrémités du croiſſant que formoient les troupes de la République,
s'approcherent, & ſe fermant, enve-
lopperent les Conjurés de toutes parts.
Au même inſtant nos ſoldats, ſuivant
l'ordre qu'ils avoient reçu, pouſſerent
des cris féroces, que les bois & les val-
lées des environs renvoyerent, en les
multipliant, & dont le calme & l'om-

bre de la nuit augmentoient encore l'horreur. Dès que le silence fut rétabli , » vos attentats font connus, dit » Dorville , deux mille hommes bien » armés vous enveloppent ; si vous àvan- » cez, vous êtes morts ; si vous rendez » les armes , la République vous fait » grace «. Sans leur donner le tems de se reconnoître , il les fit désarmer : il les avoit en son pouvoir , qu'ils n'étoient pas encore revenus de leur premiere frayeur.

Tandis que la République triomphe avec tant de facilité aux environs des arsenaux , une scene plus sanglante se passe au palais des anciens. A peine le détachement que Mirmond avoit envoyé fut distribué comme on le jugea le plus à propos , que Montmor & sa troupe avancerent en silence vers la porte de la cour. Dès qu'ils parurent , vingt ou trente gardes s'enfuirent , comme effrayés de l'approche d'une

telle multitude, & les Conjurés en-
trerent, en riant de la défenfe que la
garde venoit de faire. Tandis qu'ils
s'empreffoient d'allumer des flam-
beaux, quatre hommes armés de ha-
ches s'avancerent pour forcer la porte
du palais. A peine avoient-ils porté le
premier coup, que les deux battans
s'ouvrirent, & laifferent voir l'inté-
rieur du palais fans lumiere & dans la
plus grande obfcurité. Montmor frémit à cet afpect. » Compagnons, dit-
» il aux Conjurés, les fentinelles ont
» fui, même fans s'affurer qui nous
» étions; lorfque nous penfons forcer
» la porte du palais, elle s'ouvre d'elle-
» même; nous fommes trahis, & l'on
» s'eft difpofé à nous recevoir. Ren-
» drons-nous les armes, & attendrons-
» nous l'ignominie du fupplice, ou la
» honte du pardon? Les grands dan-
» gers ne doivent qu'enflammer les
» grandes ames: fi vous en croyez votre
» chef, marchons à notre deftination;

» tentons ce que peut l'intrépidité; &,
» s'il faut mourir, mourons les armes
» à la main «. Un cri général & atroce,
annonça le dévouement & l'acharne-
ment de ſes ſoldats. Montmor profite
de ce moment de fureur, & marche à
leur tête.

A l'inſtant cinq cens hommes, armés chacun de dix coups de feu, ſor-
tirent impétueuſement du palais, &
donnerent le ſignal à cinq cens autres
qui étoient en embuſcade, & qui en-
trerent dans la cour par la porte des
gardes. Tous à la fois, firent feu ſur les
Conjurés, qui, ſe voyant attaqués de
tous côtés par tant d'hommes armés ſi
ſupérieurement, la rage dans le cœur,
s'élançoient avec furie ſur les ſoldats
de la République, ſemblables à ces
bêtes féroces, qui, hors de défenſe,
mordent le fer dont on leur perce les
flancs. L'action ne fut pas de longue
durée; en un moment, les Conjurés

furent accablés par le nombre ; & l'on
se saisit de Montmor, au moment où
il se baissoit pour s'emparer des armes
d'un citoyen, qui, blessé à mort, venoit de tomber à ses pieds. A peine
avoit-il été légérement atteint, dans
cette affreuse mêlée. Vingt-cinq hommes périrent du côté de la République ; tous périrent du côté de Mont-
mort, à la réserve de dix, dont quelques-uns même se trouverent blessés
mortellement.

## CHAPITRE XI.

*Assemblée générale des Galligènes. Harangue très-sage, qui, parmi nous, meneroit le harangueur aux petites-maisons.*

CEUX des Conjurés qui avoient rendu les armes à Dorville, & le peu qui avoit échappé au carnage dont nous venons de parler, furent conduits au tribunal des anciens, qui paſſerent le reſte de la nuit à rechercher l'origine, le progrès, le moteur & les fauteurs de la conjuration. Le lendemain le peuple fut convoqué, & l'aſſemblée ſe trouva complette ſur les dix heures du matin. Les anciens, placés à l'endroit le plus éminent, formoient un demi-cercle, au centre duquel étoit une grande table couverte des poignards des conjurés. En face, & s'étendant à droite & à gauche, le peuple rempliſſoit un ſpatieux amphithéâtre. Au milieu de l'aſſemblée étoient les Conjurés, gardés par plus de quinze cens hommes ſous les armes. L'étonnement & la conſternation étoient peintes ſur tous les viſages. Les anciens, dans une contenance triſte, ſembloient accablés de leurs réflexions. Le peuple jettoit les yeux ſur ſes Magiſtrats & s'attendriſſoit ; ſur les Conjurés, & s'indignoit ; ſur lui-même, & frémiſſoit : ceux qui avoient le plus de penchant aux innovations, les déteſtoient en ce moment, à la vûe des ſuites funeſtes qu'elles entraînent. Montmor, & ce qui lui reſtoit de ſa troupe, conſervoient encore toute leur férocité, & accabloient de reproches ceux de leurs confédérés, qui s'étoient rendus à la merci de la République. Ceux-ci, combatus par l'eſpoir, la crainte & la honte, n'oſoient porter les yeux, ni ſur

le peuple, ni fur Montmor, ni fur eux-
mêmes.

Un des anciens, ouvrit l'affemblée
en ces termes. » Ne penfez-pas, ô ci-
» toyens, que la triftefle où vous voyez
» vos Magiftrars plongés, vienne du
» danger qu'ils ont encouru. Qu'im-
» porte que le fer des conjurés, ou les
» glaces de la vieillefle, éteigne un
» foufle de vie, & termine une car-
» riere dont il nous refte fi peu à par-
» courir. L'événement qui vient de fe
» paffer n'eft pas non plus l'unique fu-
» jet de notre triftefle. Si nous devons
» nous affliger des noirs complots qui
» fe font tramés contre la République,
» nous devons auffi nous réjouir de les
» voir fruftrés de leur but. Ce qui nous
» jette dans la confternation, c'eft la
» vue d'une fource de malheurs, tou-
» jours fubfiftante parmi vous. Vous le
» fçavez ; cette fource fatale, eft la dé-

» cadence des anciennes mœurs. Les
» vertus des Européens, font des pro-
» grès effrayans & corrompent tout.
» Des amitiés formées de toutes part,
» & malheureusement soutenues avec
» constance, resserrent entre particu-
» liers, une bienveillance qui devroit
» embrasser tous les citoyens. Chacun
» cherchant à s'attacher une femme,
» chaque femme commençant à se faire
» un point d'honneur de se donner à un
» seul, les jalousies, & toutes les suites
» funestes de l'amour, sont sur le point
» d'accabler l'Etat. Déja, par une cu-
» riosité indiscrette, & que les loix
» ont toujours désavouée, on tâche de
» discerner, dans la foule des enfans de
» la République, celui auquel on a
» donné le jour, pour réunir sur sa tête,
» une tendresse dûe à tous. Qu'est de-
» venue cette ancienne candeur, cette
» simplicité de nos peres, cette vertu
» naïve ? Où trouve-t-on un cœur vraie-

» ment puſillanime ; où n'en trouve-
» t-on pas de magnanimes ? Enflés de
» je ne ſçais quelle vanité nous ne
» trouvons plus de quoi nous ſatisfaire,
» ni dans nos loix, ni dans nos arts, ni
» dans notre iſle. Il nous faut de ces
» diſtinctions qui font le chagrin de
» ceux qui n'en jouiſſent pas, & qui
» ne rempliſſent jamais le cœur de
» ceux qui en jouiſſent ; de ces for-
» tunes particulieres qui ne peuvent
» exiſter ſans des miſeres générales ;
» de ces femmes pour jamais attachées
» à des époux qui les négligent, & ſé-
» parées pour toujours de ceux qui les
» adorent. Amitié conſtante, amour
» fidele, tendreſſe paternelle, gran-
» deur d'ame, vertus pernicieuſes,
» nous venons d'éprouver ce que vous
» pouvez ſur nous & ſur notre patrie !
» Encore trois heures, ô citoyens, &
» vos Magiſtrats étoient égorgés ; vous
» étiez eſclaves, & la République n'e-

» xiftoit plus. O nuit funefte, où des
» fils d'Almont révoltés contre leur
» famille qui les chériffoit, ont tenté
» de porter, dans fon fein, l'efclavage
» & la mort ! O jour déplorable, qui
» affemble les freres pour délibérer fur
» le fuplice de leurs freres ! En eft-ce
» affez, concitoyens ? Une fatale ex-
» périence vous a-t-elle convaincus?
» Ouvrez-vous les yeux, & concevez-
» vous enfin qu'il n'eft de fûreté, pour
» la République & chacun de vous,
» que dans l'exacte obfervation des
» loix, & dans la pratique des vertus
» de votre pays ».

Un autre ancien alloit prendre la parole & entamer l'affaire des Conjurés,
lorfqu'une femme, au milieu de quelques gardes, entra dans l'affemblée, &
attira tous les regards.

# CHAPITRE XII.

*Hauteur de Montmor. Noblesse d'Alcine. Morts tragiques. Fin de la conjuration.*

LE s amours d'Alcine & de Montmor avoient été conduits avec autant de discrétion qu'en peuvent avoir deux amans passionnés, c'est-à-dire, que le mystere n'avoit pas été impénétrable, & que les yeux clair-voyans ne s'y étoient pas mépris. La constance d'Alcine, dont on ne tarda pas à tenir quelques propos, étoit la seule tache qu'on pût lui reprocher ; encore en parloit-on avec circonspection, & comme d'une chose dont on n'avoit que des soupçons. Mais l'affaire de Montmor fit trembler pour elle. On craignoit d'aprofondir leur liaison, parce qu'on craignoit de trouver Alcine coupable. Cependant la sûreté publique exigeoit

des

des éclaircissemens ; &, en cas de crime, exigeoit un exemple. On fit donc
arrêter Alcine ; &, peu de tems après,
elle parut dans l'assemblée, au milieu
des gardes qui la conduisoient. La vue
de Montmor dans les fers, ne l'émut
point, ou ne parut pas l'émouvoir : elle
avança d'un pas assuré vers les anciens.
Ces graces modestes & majestueuses ne
l'avoient point abandonnée, & la sé-
rénité d'une ame tranquille s'annonçoit dans ses yeux & sur son front. » Al-
» cine est innocente, s'écria le peuple,
» Alcine est innocente «. » Elle est cou-
» pable, dit Alcine en élevant la voix;
» mais apprenez quel est son crime «.
» Non, elle n'est point coupable, in-
» terrompit Montmor. Alcine garde
» dans toute sa pureté cette vertu que
» vous honorez, & qui n'est pas tou-
» jours capable d'arrêter les saillies des
» ames fortes. Elle n'eut aucune part à
» la conjuration, dont je lui cachai tou-
» jours le secret : & si j'eusse adopté ses

» maximes , j'aurois langui fous le gou-
» vernement que je voulois éteindre.
» Seul j'ai conçu ce projet malheureux,
» feul j'en ai conduit les refforts. J'ai
» fuccombé , je fuis au pouvoir de ceux
» que je voulois foumettre au mien ;
» je dois mourir, puifque je n'ai pu
» m'élever au-deffus de la loi qui me
» condamne. Mais Alcine , qui eût
» donné fon fang pour la République ,
» Alcine eft digne de votre amour &
» de votre vénération «.

» Séditieux , indigne du jour , reprit
» l'amante de Montmor , ofes-tu bien
» encore prononcer mon nom ? Cou-
» pable envers le ciel & la terre , ofes-
» tu parler de vertu , & plaider pour
» l'innocence ? Penfes-tu , par cette ar-
» rogance , donner un air de grandeur
» à ton crime, ou incliner mes juges à la
» clémence ? O citoyens, connoiffez Al-
» cine ! J'ai aimé Montmor ; je l'ai aimé
» feul ; je l'ai aimé avec conftance. Je
» lui ai abandonné ce cœur , qu'entraî-

» noit un malheureux penchant auquel
» je n'ai pas assez résisté ; ce cœur que
» la vertu veut que nous partagions à
» tous nos amans , & qu'elle défend de
» donner à un seul. Je n'ai rien fait pour
» les autres , & n'ai rien fait de plus
» pour lui. En lui donnant tout mon
» cœur , & me dévouant en même tems
» à une continence perpétuelle , j'es-
» sayois de contenter mon amant , &
» de satisfaire à mon devoir ; j'ai man-
» qué l'un & l'autre objet. Le desir
» d'obtenir ce que je lui refusois, l'am-
» bition qui , toujours dévora cette
» ame altiere, l'ont enfin porté au plus
» horrible excès. J'ai donc ourdi moi-
» même la trame de la conjuration ,.par
» une fidélité constante que la loi con-
» damne , que je condamnois moi-mê-
» me intérieurement , & que pourtant
» j'ai toujours gardée. Il y a plus , ô ci-
» toyens ; voyez à découvert l'ame
» d'Alcine , & frémissez. Ce Montmor,
» ce furieux , armé contre sa patrie ,

» altéré du fang de fes freres , chargé
» des fers  qu'il vous préparoit ; ce
» Montmor, que l'ambition & l'amour
» ont  précipité , dans l'abîme où il
» m'entraîne avec lui ; ce Montmor ,
» l'objet de votre indignation & de la
» mienne , il m'eſt encore cher ; en dé-
» teſtant  le crime ,  j'aime encore le
» coupable , & je trouve de la douceur
» à le dire. Jugez , & condamnez Al-
» cine ;  vous  la connoiſſez mainte-
» nant «.

Tandis qu'Alcine parloit , un pro-
fond ſilence regnoit dans l'aſſemblée ;
les eſprits incertains , trouvoient de
quoi l'abſoudre & de quoi la condam-
ner. On écoutoit attentivement , &
l'on attendoit , avec impatience, quelque nouvel éclairciſſement , qui pût
déterminer en ſa faveur. Quand elle
eut ceſſé de parler , un murmure confus ſuccéda ; on prenoit conſeil les uns
des autres , & l'on ne ſçavoit à quoi ſe
réſoudre , lorſqu'une voix s'éleva , &

fit entendre ces mots : ‹ fauvons la belle
» Alcine «. Auffi-tôt, tout le confiftoire
répéta, » fauvons la belle Alcine « ;
ainfi, elle fut abfoute, par l’acclama-
tion publique.

Le filence fut à peine rétabli, qu’Alcine reprit la parole. « Citoyens géné-
» reux, dit-elle, une telle conduite à
» mon égard, montre votre bénignité,
» & non pas mon innocence. J’accepte,
» avec reconnoiffance, la vie & la li-
» berté que vous m’accordez, & je
» m’en félicite ; non que je veuille pro-
» longer des jours qui me font odieux,
» mais parce que je puis maintenant
» les terminer avec honneur. Cette vie
» que vous me donnez, je la dévoue,
» dès cet inftant, à la République.
» Que la mort d’Alcine, ferve à ja-
» mais d’exemple ; & puiffe fon fang,
» éteindre les dernieres étincelles de la
» fédition. » Elle dit, elle court à la
table, qui eft chargée des armes des

F iij

conjurés, faisit un poignard, & se le plonge dans le sein.

A cette vue, Montmor tressaillit ; & frappé d'horreur & d'amour, il fit un effort si violent, qu'il brisa ses liens ; courut à sa chere Alcine. » Malheureuse » Alcine, s'écria-t-il, reçois la seule » expiation, qui soit au pouvoir du » plus coupable des Amans. » Il n'avoit pas encore achevé, qu'il s'étoit percé le cœur. Alcine expiroit ; ses paupieres appésanties, se rouvrirent à ces paroles : ses yeux mourans, s'égarerent sur l'assemblée, & se fixerent sur Montmor, qu'ils cherchoient encore. Tandis que le sang qui couloit de leurs blessures, se mêloit l'un à l'autre, leurs regards se pénétroient mutuellement, & leurs derniers soupirs se confondirent.

Le reste du jour, & le lendemain, on examina les détails de la conjuration ; on condamna ceux que l'on crut les plus coupables, & l'on fit grace aux autres.

# CHAPITRE XIII.

*Beau discours de Duncan, pour prouver aux Galligènes qu'ils doivent lui donner un vaisseau & des hommes, pour le conduire chez lui. Il l'obtient. Troisième, &, pour le coup, dernier naufrage dont il soit parlé dans cette histoire.*

L E s Galligènes, effrayés du danger qu'ils avoient encouru, frappés des supplices de ceux qu'ils avoient condamnés, touchés de la mort d'Alcine, tomberent dans une mélancolie dont ils ne pouvoient revenir. Les Magistrats, pour les rappeller à la gaieté, ordonnerent des Fêtes, qui ressemblerent à des obsèques. Rien ne pouvoit dissiper les nuages dont leur ame étoit offusquée. Toute cette longue tristesse ne tarda pas à ennuyer Duncan. D'ailleurs,

F iv

il trouvoit les Galligènes plus fingu-
liers qu'aimables ; & pendant le long
féjour qu'il avoit fait chez eux , il s'é-
toit plus étonné qu'amufé. Jamais il
n'avoit pû goûter leurs maximes , ni
s'accoutumer à leur ufage. Que faire
dans un pays , où l'on n'a ni fortune à
efpérer , ni place à folliciter , ni ré-
compenfe à attendre ? En Europe , un
concurrent vous écrafe , & vous en
écrafez un autre ; un grand vous humi-
lie , & vous humiliez vôtre inférieur :
celui-ci vous dupe , & vous dupez celui-là. Vous avez des amis, & à tout
moment l'occafion de vous en plaindre ;
une femme qui eft à vous , & que vous
avez droit de mal mener ; des enfans ,
dont vos fueurs & vos veilles prépa-
rent de loin l'aifance & la diffipation :
tout cela occupe ; on paffe le tems :
mais chez les Galligènes , c'eft à périr
de langueur. Il n'y avoit pas à balancer;
Duncan prit le parti de retourner en

Europe. Mais comment faire ? Il étoit seul ; avoit des mers immenses à parcourir, & ne voyoit autour de lui que de petites chaloupes.

Plusieurs fois, il avoit parlé aux Galligènes, des secours que les Européens tirent des chevaux, bœufs, chevres & autres quadrupedes. » Ce sont, leur di- » soit-il, des animaux faits pour le sou- » lagement de l'homme, & dont vous » ne vous passez qu'à force de sueurs. » Dans le labour des terres, & les tra- » vaux des arts, l'homme met leur » force à la place de la sienne ; ils por- » tent, ils traînent, ils agissent pour » lui ; & son industrie oisive, ne s'oc- » cupe qu'à les diriger. Un avantage » encore plus grand, c'est qu'il en tire » une nourriture salubre, & qui, d'elle- » même, se multiplie & croît autour » de lui. Que ne devriez-vous pas entre- » prendre, pour faire une acquisition » de cette importance ; & pouvez-vous

» balancer, lorſque rien n'eſt plus aiſé
» que de vous en pourvoir ? Qu'on me
» permette de conſtruire un vaiſſeau,
» qu'on me donne cinquante hommes,
» des vivres pour ſix mois, & quelques
» balots de vos étoffes de lin aërien, je
» m'embarque, & vais prendre terre
» dans une île, où j'échangerai les
» étoffes pour des quadrupedes. Vos
» gens remettront à la voíle, & vous
» apporteront de quoi pourvoir votre
» habitation, de ces animaux utiles ;
» moi, je continuerai ma route, & re-
» joindrai une famille, dont le ſouvenir
» me dévore. » Si Duncan avoit envie
de partir, les Galligènes ſe ſoucioient
aſſez peu de le garder. L'étalage qu'il
ne ceſſoit de faire des vertus d'Europe,
& de la ſageſſe des loix de ſon pays,
avoit toujours été aſſez mal placé, & le
devenoit bien plus, depuis l'événement de la conjuration. Il n'eut pas de
peine à obtenir ce qu'il demandoit. On

prit seulement la précaution de lui faire jurer, ainsi qu'à tous ceux qu'on lui confioit, qu'ils ne révéleroiènt jamais, en quel parage de la mer, est située l'île des Galligènes. Ses dispositions faites, & le serment prêté, il s'embarqua.

La navigation de Duncan, fut encore malheureuse ; il fit naufrage à peu de distance de l'île où il se rendoit. Tout fut englouti par la mer ; il se sauva seul ; & de toutes les rares étoffes qu'il avoit embarquées, il ne lui resta qu'une écharpe, dont il s'étoit ceint les reins, pour nager avec plus de force.

Après avoir erré près de deux ans, Duncan est enfin arrivé depuis quelques mois à Paris, & montre, à ceux qui le vont voir, son écharpe curieuse, & tissue de lin aérien. Il compte incessamment aller en cour, & la montrer à leurs Majestés, & à quelques Seigneurs

qui , probablement n'en feront pas
grand cas ; après quoi , il la dépofera
au cabinet du Roi , tout à côté des ha-
bits enfumés des fauvages , où fans
doute , elle figurera avec diftinction ,
& fervira de titre à la vérité de tout ce
que je viens de narrer comme j'ai pû.

J'ai oui-dire que Duncan s'obftine à
cacher la pofition de l'île des Galligènes : je ne le conçois pas. Il eft vrai, que
ce lin aërien , & cette gomme faline du
verfeau , font deux chofes bien ten-
tantes ; nous ne pourrions nous difpen-
fer de nous emparer d'une île , qui produit des matériaux fi rares. Mais , en
dépouillant les Galligènes , nous au-
rions foin de leur tranfmettre nos
mœurs & nos ufages , & les voilà dé-
dommagés de refte. Qu'on voye l'Amé-
rique , elle a été envahie , arrofée de
fang ; mais auffi, elle devient policée de
jour en jour , & les Amériquains n'ont
rien à dire. Duncan a juré ; Duncan eft

lié : il faut qu'il se taise. Cela est fort, sans doute : mais, en représentant à Duncan, que c'est pour le bien des Galligènes, qu'on iroit leur ôter la liberté, & s'emparer de leurs terres ; en appuyant de si bonnes raisons, par ces moyens qu'on connoît, ces moyens si insinuans, & qui élargissent si fort les consciences, je doute que Duncan, pût résister à des objections présentées d'une maniere si victorieuse. Je crois même qu'il s'attend qu'on le tentera par cette voie ; & comme il est esclave de sa parole, il a de l'inquiétude ; il craint de succomber.

F I N.

# TABLE

## *DES CHAPITRES*

Contenus en cet Ouvrage.

Cʜᴀᴘɪᴛʀᴇ ᴘʀᴇᴍɪᴇʀ. *Anatomie de la volupté. Eſt-ce découverte réelle? Eſt-ce plaiſanterie phyſique? Duncan n'en dit rien : & quand il le diroit* . . .
        **page** 1

Cʜᴀᴘ. II. *Peu d'eſtime attachée à de grandes choſes. Duncan diſſerte. Il s'échauffe, & ne s'en défend pas mieux,*    15

Cʜᴀᴘ. III. *Etat de la philoſophie parmi les Galligènes,*    30

Cʜᴀᴘ. IV. *Vûes neuves des Galligènes ſur l'agriculture. Plante admirable, mais de laquelle Duncan ne s'oblige pas à donner de la graine,*    42

Cʜᴀᴘ. V. *Conjuration de Montmor. Etat des Galligènes. Leurs mœurs ne s'amé-*

liorent pas plus que celles de bien d'autres nations. Caractères de Montmor & d'Alcine. Amours qui ne ressemblent à rien, 57

CHAP. VI. *Grande sagesse de Montmor, à faire de grandes sottises. Il prépare une révolution, assemble des conjurés, & leur fait entendre que, pour le bien de la République, il faut la bouleverser,* 65

CHAP. VII. *Vertus, d'une part; crimes, de l'autre. Conseil des Conjurés. L'un d'entr'eux veut qu'on se défasse de la moitié des citoyens. On prend le parti de ne tuer que ce qu'il y a de plus respectable,* 74

CHAP. VIII. *Avis donnés en pure perte. Entretien d'Alcine & de Montmor. Il frémit d'avoir eu la seule bonne pensée qui lui tomba dans l'esprit,* 84

CHAP. IX. *Grand effet de l'esprit patriotique sur deux Conjurés. Vertu notable de Mirmond. Il découvre la conjura-*

tion, ou par prudence, ou par ha-
sard, comme on voudra, 92

CHAP. X. Propos des femmes. Inquiétude d'Alcine. Evénement de la conjuration. Belle résolution de Montmor,
qui prend le parti de se faire égorger
avec toute sa suite, 103

CHAP. XI. Assemblée générale des Galligènes. Harangue très-sage, qui,
parmi nous, meneroit le harangueur
aux petites-maisons, 114

CHAP. XII. Hauteur de Montmor. Noblesse d'Alcine. Morts tragiques. Fin
de la conjuration, 120

CHAP. XIII. Beau discours de Duncan,
pour prouver aux Galligènes qu'ils
doivent lui donner un vaisseau & des
hommes, pour le conduire chez lui. Il
l'obtient. Troisiéme, &, pour le coup,
dernier naufrage dont il soit parlé dans
cette histoire, 127


Fin de la Table des Chapitres.